朝鮮王朝「背徳の王宮」

1冊でつかむ韓国時代劇の真髄！

康　熙奉

星海社

298

SEIKAISHA SHINSHO

朝鮮王朝の建国を飾った初代王妃の物語

朝鮮王朝を建国したのは李成桂（イ・ソンゲ）という男だ。

高麗（コリョ）王朝末期の将軍で、明との領土争いの過程で国王に反旗を翻して最高実力者にのしあがった。その末に、高麗王朝を滅ぼして1392年に自ら新しい王朝を開いた。

こうして朝鮮王朝の初代王・太祖（テジョ）となった李成桂。彼の最初の妻は神懿（シヌィ）王后であった。李成桂が出世する前から夫を支え続けた「糟糠の妻」だ。

この夫婦は6男2女をもうけている。息子は年長から言うと、芳雨（バンウ）、芳果（バングァ）、芳毅（バンイ）、芳幹（バンガン）、芳遠（バンウォン）、芳衍（バンヨン）となる。

とはいえ、李成桂の息子はこの6人だけではなかった。彼の二番目の妻が神徳（シンドク）王后であり、彼女が芳蕃（バンボン）、芳碩（バンソク）という2人の男子を産んでいた。結局、李成桂は2人の妻との間に8人の息子がいたのである。

高麗王朝は一夫多妻制だった。なにしろ、初代王の王建（ワン・ゴン）が建国当時に地方豪族を懐柔するために政略結婚を繰り返し、30人ほどの妻がいたと言われている。初代王が多妻制を実践していただけに、王朝が続いているかぎり、その制度が維持された。特に、出世した男性は都で2人目の妻を娶《めと》る例が多かった。当時は「京妻（都にいる妻という意味）」と呼ばれていた。まさに、神徳王后が「京妻」であった。彼女は神懿王后に比べるとはるかに有力な家柄の出身であり、実家の権勢は李成桂にも大きな影響を与えていた。

なお、李成桂の最初の妻は「神懿王后」として王妃に列せられているが、1391年に54歳で亡くなっている。夫が国王となる1年前のことだ。つまり、朝鮮王朝が建国されて最初の王妃になったのは神徳王后のほうだった。このように、神懿王后は実際に王后として生きた経験のない「追尊された王妃」であった。この事実を念頭に置いて次に起こった出来事を説明していきたい。

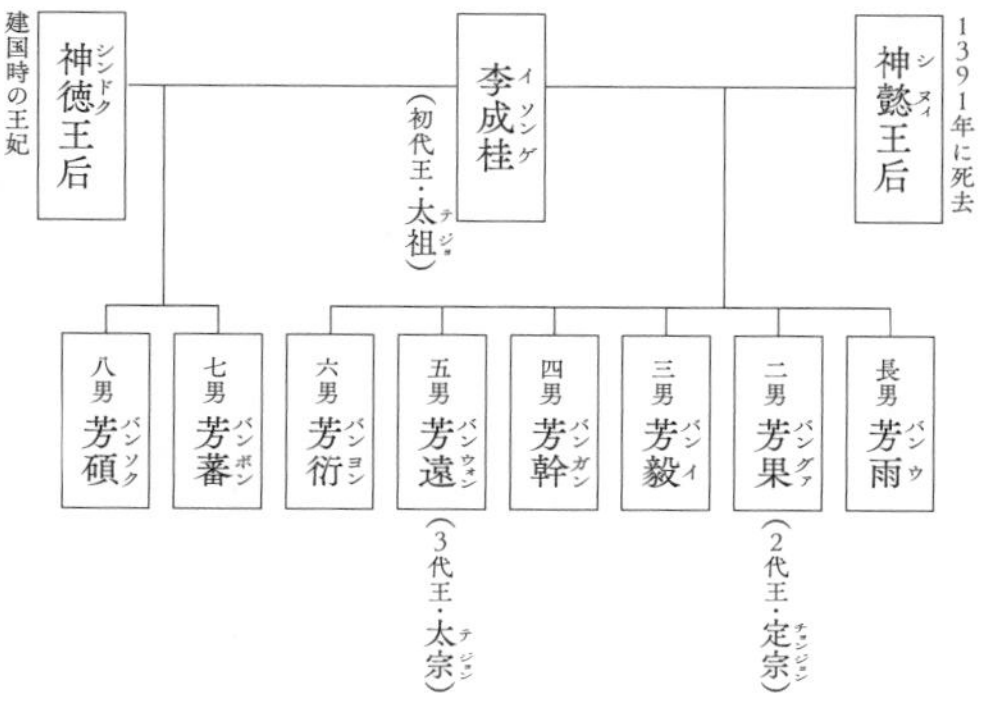

1391年に死去
神懿《シヌィ》王后
李成桂《イソンゲ》
（初代王・太祖《テジョ》）
建国時の王妃
神徳《シンドク》王后
長男 芳雨《バンウ》
二男 芳果《バングァ》
（2代王・定宗《チョンジョン》）
三男 芳毅《バンイ》
四男 芳幹《バンガン》
五男 芳遠《バンウォン》
（3代王・太宗《テジョン》）
六男 芳衍《バンヨン》
七男 芳蕃《バンボン》
八男 芳碩《バンソク》

国王になった李成桂が真っ先にやらなければならなかったのは、世子（セジャ／国王の正式な後継者）を選ぶことだった。すでに李成桂は57歳になっていて、健康状態に不安があった。王朝を継続させるためにも信頼できる後継者がぜひ必要だったのだ。

誰が見ても世子にふさわしいのは、五男の芳遠である。兄弟の中で人物の出来が一番良かったし、高麗王朝を倒す過程で芳遠は李成桂の政敵を徹底的に排除していた。彼の貢献度はとても高かった。

当の芳遠も自分が世子に選ばれると確信していた。そのときは25歳。自信がみなぎっていた。

しかし、芳遠にとって信じられないことが起こった。李成桂が選んだのが、八男の芳碩だったのだ。わずか10歳で、芳遠から見れば鼻たれ小僧にすぎなかったのだが……。

この決定は王朝を混乱させた。何よりも、15歳も下の異母弟が世子に決まって、芳遠の落胆が果てしなかった。

誰もが疑問を持つ決定。なぜ李成桂はそんなことをしてしまったのか。ひとえに、神徳王后の嘆願を受け入れたからだ。老齢に入ってきた李成桂は神徳王后を異様なほどに寵愛し、彼女の意向を無視できない精神状態になっていた。その末に、彼は神徳王后が産んだ息子2人を偏愛するに至っていた。

そうであるなら、年齢からして七男の芳蕃を後継者にするのが筋だった。しかし、この息子は能力的に劣っていて、とうてい2代王をまかせられる器ではなかった。反対に、芳碩は幼少から頭脳明晰で後継ぎとしてふさわしかった。いずれにしても李成桂は、神徳王后が産んだ息子を後継ぎにするという誤った選択をした。王朝を建国するほどの英傑も、肝心な場面で私情をはさみすぎていた。

とばっちりを受けた芳遠が黙って見過ごすはずがなかった。彼は父に対して何度も翻意を促したが、神徳王后に魂を抜かれた李成桂は聞く耳を持たなかった。

絶望した芳遠。彼の怒りの矛先が神徳王后に向かった。彼は継母が黒幕だと思い込み、彼女への反感を強めた。

しかし、芳遠の立場は弱くなる一方だった。それは、神徳王后の威光が高まった結果でもあった。彼女は国王が寵愛してくれる立場を最大限に生かし、有力な高官たちを味方に引き入れて、芳碩の世子としての身分を盤石に固めていった。

さしもの芳遠も出番がないと思われた……その矢先に、神徳王后が40歳で世を去った。

1396年のことである。

彼女は死ぬ間際まで世子の将来を案じていた。

「自分が死んだら芳遠がどんな手を使ってでも世子の座を狙ってくる」

そのことを神徳王后は察していた。それだけに、彼女は側近に対して芳遠を極度に警戒することを厳命していた。その上で、神徳王后は自分が世子を守り切れないことを悔やみながら世を去った。

そのとき、李成桂はどうしていたのか。彼は寵愛する妻を失って嘆き悲しみ、政治の表舞台から退こうとしていた。そんな初代王の凋落は、芳遠にとって願ってもない好機を呼んだ。

彼はじっくりと時期を選んで、1398年に決起した。まず、芳碩の後ろ楯となっていた鄭道伝（チョン・ドジョン／李成桂が最も信頼を寄せた側近）を殺し、次いで、芳蕃と芳碩を襲って一気に殺害した。

病床にあった李成桂は、王朝に起こった「骨肉の殺戮《さつりく》」に絶望し、王位に就いていることもできなくなった。

こうして王朝最大の実力者となった芳遠だが、彼は用心深い性格を見せた。自ら異母弟たちを殺してすぐに国王になるという性急な姿を避けたのだ。まずはつなぎで兄の芳果を

威厳を保つ正殿の玉座

玉座をめぐって骨肉の争いが数多く起きている

2代王につけるという慎重な姿勢を見せたあと、1400年にようやく朝鮮王朝の3代王・太宗（テジョン）となった。

彼は実力者にふさわしい政治的資質を発揮して、建国まもない朝鮮王朝の基盤整備を成し遂げた。まさに「大王」の風格を持った国王であった。

同時に、これほど執念深い男はいない、と周囲を驚嘆させるところがあった。その執着は、すでに世を去っている神徳王后に向けられた。

一応、李成桂が存命中は事を荒立てなかったが、1408年に父が73歳で世を去ると、太宗は神徳王后への憎悪をむき出しにした。彼女の王妃としての祭祀をことごとく廃止させ、都の中心部に最高の格式でつくられた陵墓を次々に移転して縮小させた。最終的には、陵墓を徹底的に破壊し、初代王妃の名誉を著しく傷つけた。しかも、神徳王后の墓は、みすぼらしく放置されたままだった。以後、彼女の来歴も抹消され、まるで「存在したことがない」かのような扱いとなった。

大王になった後も継母への怨みをこれでもかと見せつける太宗。彼の復讐への執念深さは、王宮で栄華を誇った女性たちがいずれこうむる哀しさを寒々と暗示していた。

目次

はじめに　朝鮮王朝の建国を飾った初代王妃の物語　3

第1章　禁断の宮殿で愛と欲望はどれほど壮絶だったか　19

1　「名君の嫁」はなぜ王宮で背徳の行為に溺れたのか　20
2　女官にとって厳禁となっていた「鉄の掟」とは？　23
3　伝説の医女が王妃を気遣って犯した規則違反が強烈だ　26
4　中宗の臨終を看取った大物は意外な人物だった!?　28
5　側室同士の強烈なライバル対決の結末は？　31
6　国王に寵愛された側室の栄光と喪失は隣り合わせ！　37
7　哲仁王后の性格はドラマとどのように違うのか　39
8　偉大な国王なのに「人間不信」に陥っていた？　41

9 燕山君の最期は『朝鮮王朝実録』でどう記されたか 43
10 側室同士の品階獲得競争があまりに熾烈だった 45
11 王宮を出される女官の境遇は涙なくして語れない 49

第2章 朝鮮王朝を震撼させた悪女たちの所業を暴く 51

1 悪役が似合いすぎる和緩翁主は哀しい王女なのか 52
2 張禧嬪が仁顕王后をいじめた方法に仰天! 55
3 あまりにひどい悪女と思われた王妃の本当の姿は? 59
4 ここまで憎まれた側室の哀れな末路は自業自得!? 62
5 「善人」仁宗を襲った「冷血」文定王后の罠がひどい 64
6 鄭蘭貞は一番恥ずかしき「最悪の手先」だった 67
7 権力を裏で操った金介屎がたどった最期の運命とは? 69
8 イ・サンの母の悪評は史実に合っていたのか 73
9 韓国で有名なイ・サン毒殺説の首謀者は「あの人」 76

第3章 国王と王妃は虚構の中で何を嘆いたのか 79

1 光海君が廃位になったのは「暴君」だったから？ 80
2 仁穆王后はなぜ光海君の斬首に執着したのか 83
3 一夫一婦制で4回結婚した唯一の国王は予想通りの人 87
4 英祖は母親の身分が低かったことを極端に恥じていた 92
5 「弱き国王」の代名詞になったダメ男が歴史上にいた!? 94
6 国王の名前に「祖・宗・君」が付くのはなぜか 96
7 哲宗はあまりに情けない「操り人形」だった？ 99
8 せっかく国王になっても短命だった3人の顔ぶれは？ 102
9 仁顕王后が張禧嬪を激しく叩いたことに驚いた！ 105
10 中宗の恩人だった王妃が廃妃にされたのはなぜ？ 109
11 大妃の罠にかかった不敬罪の元王妃！ 114
12 男の魂が乗り移った王妃は果たして懐妊したのか 119

第4章 怨みと裏切りと復讐の果てに何が起こったか 121

1 即位直後の英祖を危機に陥れた「李麟佐の乱」 122
2 王朝の歴史を汚した悪党高官の罪状を告発する 125
3 綾陽君は弟を殺された復讐のために反乱を狙った 127
4 父王が世子を毒殺した根拠はどこにある？ 130
5 国王毒殺未遂のアワビ事件は明らかに捏造された 132
6 イ・サンに露骨に反逆した急先鋒が意外だった 134
7 「名君」世宗の妻はどんな地獄を味わったのか 136
8 「嫉妬深い」だけで国王が王妃を離縁できるのか 138

第5章 悲劇の連鎖で哀しみは終わらない！ 141

1 大王が妻の実家を滅ぼしたのはやりすぎだった 142
2 最高の芸術家だった天才王子の理不尽な最期！ 144

3 離縁された端敬王后は再び中宗に会えたのか 146
4 王位争奪戦の行方はついに辛い結末を迎えた 149
5 イ・サンの妻は「聖女」と呼ばれた人格者だった 151
6 政略の末に側室となった哀れな元嬪はどうなった？ 155
7 光海君が糾弾された理由は果たして正当？ 157
8 悲しみの妻を誰がなぐさめてくれるのか 159
9 光海君は島流しの屈辱を必死に耐え抜いた 162

第6章 史実を知るとドラマがもっと面白くなる 165

1 英祖に寵愛された側室の映嬪はどんな女性か 166
2 王朝一番の美女と言われた王女の波乱万丈な物語 169
3 禁婚令の末に実施される「カンテク」はどんな儀式？ 174
4 朝鮮王朝の後期に「王族の少子化」が深刻になった 176
5 朝鮮王朝の歴史で「史上最高の世子」は誰だったのか 178

6 民衆の救世主になった王女の知られざる逸話！ 180
7 淑嬪・崔氏をめぐる闇はどこまで深いのか 183
8 激しい派閥闘争はとんでもない形で終焉していく 186
9 英祖を悩ませた景宗毒殺説はなぜ起こったのか 188
10 王妃が自分で料理を作ることが果たして可能なのか 193
11 イ・サンの暗殺を狙う刺客集団が王宮に侵入！ 196
12 国王の求愛を拒絶した宮女の壮絶な覚悟とは？ 198

おわりに　背徳の王宮から遠く離れて何を思うのか 201

巻末特集「5大王宮の成り立ち」 206
1 王宮の一般的な配置状況 206
2 景福宮 208

3 昌徳宮 210
4 昌慶宮 212
5 徳寿宮 214
6 慶熙宮 218

朝鮮王朝の歴史年表 220
朝鮮王朝の歴代国王 230
朝鮮王朝の歴代王妃 232

〔資料〕

李成桂に関する人物相関図 4
粛宗に関する人物相関図 31
世祖に関する人物相関図 61
中宗と文定王后に関する人物相関図 65
光海君に関する人物相関図 81

純元王后に関する人物相関図 100
仁祖に関する人物相関図 131
英祖に関する人物相関図 167
首都の城内図 207

写真／植村誠、井上孝、ハン・スンウン、康熙奉　イラスト／竹口睦郁　図版／ジェオ
本書には専門ウェブメディア「韓ドラ時代劇.com」と「ロコレ」に著者が執筆した原稿も生かされています。

第1章

禁断の宮殿で愛と欲望はどれほど壮絶だったか

1 「名君の嫁」はなぜ王宮で背徳の行為に溺れたのか

朝鮮王朝の4代王といえば、言わずと知れた世宗（セジョン）である。ハングルを創製して「史上最高の名君」とも称されるが、後を継いで5代王となった息子の文宗（ムンジョン）は、とても影が薄い人間だった。

父親があまりに偉大すぎて過剰な重圧を受けてしまったのかもしれないが、結婚で失敗ばかりしていた。

文宗は1414年に生まれたが、結婚したのは13歳のときだった。彼は世子（セジャ／国王の正式な後継者）だったので、早めに世継ぎを作ることを宿命づけられていたのだが、その割には子づくりに熱心ではなかった。

世子嬪（セジャビン／世子の妻）の金氏（キムシ）は4歳上だったが、世子は金氏の部屋をまったく訪ねなかった。

これでは子供ができるわけがない。

金氏はかなりあせっていた。

夫の気を引こうとして、媚薬ばかり準備した。それは、蛇やコウモリを干して粉末にしたものが多かった。

金氏があまりに熱心だったので、そうした媚薬づくりが王宮の中で噂になってしまい、金氏に変な評判がたつようになった。口の悪い女官からは「魔女」のように言われてしまったのだ。

噂に尾ひれがついて、とうとう金氏は世子の妻として失格という烙印を押され、実家に帰されてしまった。その後、金氏と父親は自決したと伝えられている。不名誉を恥じたのである。

しかし、文宗にも責任の一端があった。妻のことをあまりにも無視しすぎた。その末の「媚薬づくり」であったのに……。

次に世子の妻として迎えられたのは奉氏(ポンシ)だった。

彼女は名門の娘として大いに期待されたのだが、世子はあまりにそっけなくて、またも や妻に関心を示さなかった。

そんなことがずっと続いた。失望した奉氏は寂しさに耐えかねて女官と同性愛の関係に陥ってしまった。

こういった話はすぐに広まっていく。結局、奉氏も離縁させられてしまった。このように、世子の妻は2人とも、あまりに不幸だった。男性としての世子に問題がありすぎたかもしれない。

少なくとも、妻が「奇行」や「同性愛」に走ることは避けなければならなかった。その上での離縁は、なんとも気の毒だ。

最終的に世子は娘と息子を持つに至った。2人の子供を産んだ女性は、1441年に息子（後の端宗〔タンジョン〕）を産んだ直後に亡くなった。後に顕徳（ヒョンドク）王后として追尊されている。

世子は1450年に文宗として即位したが、わずか2年で世を去った。頭脳は明晰だったが、とにかく生命力が乏しい人だった。

2　女官にとって厳禁となっていた「鉄の掟」とは？

韓国時代劇で一番多いのは朝鮮王朝を描いたドラマだ。そうなると、王宮を舞台にした宮廷劇が圧倒的に目立ってくる。

その中では女官がひんぱんに登場する。彼女たちが国王や王妃の側近として王族の生活を支えていたからだ。

そんな女官は16世紀前半には王宮に1千人ほどいたと推定されている。彼女たちはどんな生涯を送ったのだろうか。

女官は早ければ5歳くらいから見習いとして王宮の中に足を踏み入れる。しかし、家族や先祖の中に罪人がいたり自分が病気がちだったりした女の子は、宮中の門をくぐることが許されなかった。

運よく女官の見習いになると、緻密な徒弟制度の下、厳格な教育を受ける。そして、見習いの期間中は多くの仲間たちと共に過ごし、大部屋での共同生活が続いた。

厳しい修業を乗り越え18歳を迎えると、見習いたちは内人（ナイン）としての新しい生活を始めた。

いわば、一人前と認められたのだ。そして、成人後はそれぞれの分野……たとえば料理、衣服、洗濯、刺繍などの部門に分かれて、専門的な業務を担当した。

同時に、女官は国王と共に歩む運命が宿命づけられており、原則として「国王と結婚した」と見なされている。

他の男性との恋愛は絶対に禁じられていた。そればかりか、彼女たちの日常は「鉄の掟」に縛られていた。もしも女官が男性と肉体関係を持ったときは男女とも処刑されてしまうのだ。

このような極刑が広く行き渡っていたので、王宮内で女官に手を出す男は稀であった。しかしながら、覚悟の上で禁断の恋に身を投じる者も現れる。それは「命をかけた壮絶な愛」であった。

その先には恐ろしい極刑が待っているとしても……。

さらに、女官たちは王宮の外への自由を持たなかった。その生活の舞台は王宮の内部だけであった。

それゆえ、同性愛が多かったと言われている。

そんな女官の最大の野望は国王の側室になることだ。

朝鮮王朝時代の前期では、国王が10人前後の側室を持つことが一般的で、女官から側室になる女性も少なくなかった。

しかし、よほど美貌に恵まれなければ、側室選びのスタートラインに立てない。多くの女官には厳しい現実が待っていたのだ。

精進して働いても、大半の女官は年を取ると王宮を出されてしまう運命だった。老後の保証もなく、すでに知り合いも世間には少なくなっていた。それだけに、晩年は寂しくなる女官が多かったことだろう。それでも彼女たちは幸せな人生を送ったと言えたのだろうか。

3 伝説の医女が王妃を気遣って犯した規則違反が強烈だ

イ・ヨンエが『宮廷女官 チャングムの誓い』で演じた主人公チャングムは実在した医女であり、朝鮮王朝の正式な歴史書である『朝鮮王朝実録』では「長今（チャングム）」として出てくる。

記述部分があるのは10カ所ほどだが、最初に登場するのは1515年3月21日である。「医女の長今は功績があったので当然のごとく褒美を受けるべきだが、問題が起こって未だに褒美をもらえない」と書かれている。

さらに翌日の記述では「医女である長今の罪は大きい。産後に王妃の衣装を替えるとき、それをしないでおくとは、どういうことなのか」となっている。

このように、長今は厳しく非難されている。

なぜ、そんなことになったのか。

ここで言う王妃というのは、11代王・中宗（チュンジョン）の二番目の王妃だった章敬

（チャンギョン）王后である。彼女は1515年に中宗にとって待望の息子を産んでいる。その出産時に子供を取り上げたのがチャングムなのである。彼女はそれほど重責を担う医女であった。

当時、出産直後の王妃は服を着替えるのが習わしだった。しかし、長今はそれをさせなかった。なぜなのか。

おそらく、難産で体力が衰弱していた王妃の身体を気遣ったからであろう。着替えをすると身体が冷える恐れがある。そのために、長今はあえて慣例に従わなかった。

ところが、章敬王后は産後の肥立ちが悪くて、すぐに亡くなってしまった。

朝鮮王朝では、王族が命を落とすと関わった医師が処罰された。必然的に長今も処罰を免れなかった。

さらに、「着替えをさせなかった」という罪も重なったのだ。医女を罷免させられて監獄に入れられても不思議ではなかった。

しかし、長今は以後も医女を続けることができた。そこまで信頼されていたのである。

4 中宗の臨終を看取った大物は意外な人物だった⁉

11代王の中宗（チュンジョン）は、王子時代には晋城大君（チンソンデグン）と呼ばれていたが、異母兄の燕山君（ヨンサングン）が１５０６年にクーデターで廃位になったあとに王位に就いた。

『朝鮮王朝実録』によると、１５４４年の秋になって体調を崩してしまった。そのとき、中宗のそばで診察していたのが、あの長今であった。章敬王后の出産時に王妃の服を替えないで処罰されてから29年が経っていた。

それほど長く医女として王族に仕えていた長今。中宗が「余の病状は長今が知っている」と語っているほど信頼を寄せられていた。そんな彼女の名前が『朝鮮王朝実録』で最後に登場したのは、１５４４年10月29日だった。そこでは、「朝、医女の長今が内殿から出てきて言った。『殿下の下気（便通がよくなること）がやっと通じて、とても気分がいいとおっしゃっておられます』」と書かれている。

歓慶殿（ファンギョンジョン）で長今（チャングム）が
中宗（チュンジョン）を診察した

歓慶殿の隣にある景春殿（キョンチュンジョン）も
王族女性たちに日常的に利用された

以後も、長今は中宗の主治医のそばに付いて国王の診察に当たっている。しかし、10月29日の記述を最後にして、『朝鮮王朝実録』から長今という名前は見られなくなった。それでも、「医女」という記述はひんぱんに登場する。

前後の文脈からして、この「医女」が長今であったことは明らかだ。それほど彼女は集中して中宗の診察に取り組んでいた。

中宗は1544年11月14日に病状が悪化し、11月15日には危篤となった。『朝鮮王朝実録』では「危篤で話すこともできず、そばにいる人が誰なのかもわからない状態となった」と記されている。

そして、中宗はその日の夕方に息を引き取っている。間違いなく、長今も中宗のそばにいて最期の瞬間を看取ったことだろう。

朝鮮王朝は人間の身分の違いを容認する儒教を国教にしていて、男尊女卑の傾向が顕著だった。

そんな時代に医女として国王の診察をしていた長今は、とてつもなく有能な女性であったに違いない。

5 側室同士の強烈なライバル対決の結末は？

1701年8月に仁顕王后が亡くなったとき、「張禧嬪が王妃を呪詛《じゅそ》していた」と淑嬪・崔氏が告発した。

淑嬪・崔氏の証言を受けて、粛宗（スクチョン）は張禧嬪を糾弾している。たとえば、1701年9月23日に記録された『朝鮮王朝実録』によると、粛宗は次のように語った。

「張禧嬪は就善堂（チソンダン／張禧嬪の住居）の西側に密かに神堂を建て、いつも2、3人の怪しげな者たちと（呪詛のための）祈禱をしていたという。こんなことが許されるなら、いったいどんなことが許されないというのか」

このように憤慨していた粛宗。そこに至るまでの経過をイラストで解説しよう。

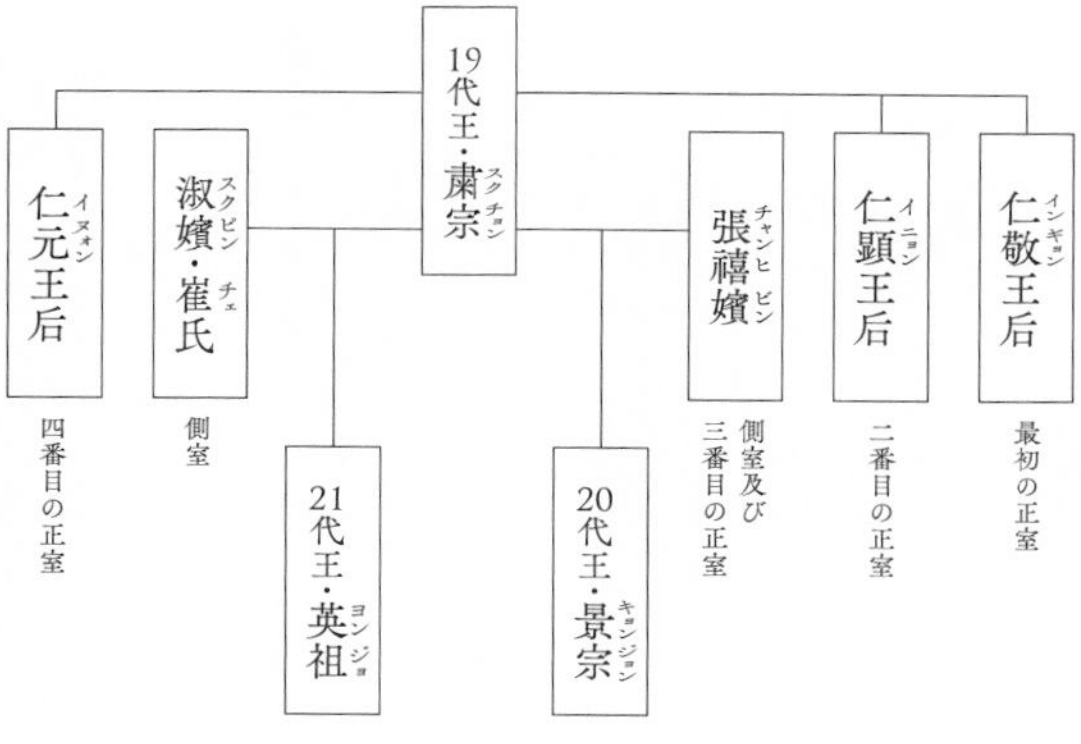
19代王・粛宗《スクチョン》
仁敬《インギョン》王后
最初の正室
仁顕《イニョン》王后
二番目の正室
張禧嬪《チャンヒビン》
側室及び三番目の正室
淑嬪《スクビン》・崔《チェ》氏
側室
仁元《イヌォン》王后
四番目の正室
20代王・景宗《キョンジョン》
21代王・英祖《ヨンジョ》

19代王・粛宗（スクチョン）が絶世の美女だった女官の張禧嬪（チャン・ヒビン）を側室にした。

あれほどの美女は
今まで見たことがない

張禧嬪は１６８８年に王子を産んだ。子供を産んでいない仁顕（イニョン）王后の立場が不利になった。

殿下の気持ちがますます
私から離れてしまう……

張禧嬪の産んだ王子を後継者にした粛宗は、
臣下たちの反対を押し切って
「王妃を離縁する」と
宣言した。

王妃になった張禧嬪は
傲慢《ごうまん》になった。
嫌気がさした粛宗が
新たに側室にしたのが
淑嬪・崔氏（スクピン・チェジ）だ。

１６９４年、張禧嬪の兄が淑嬪・崔氏を毒殺しようとした事件が発覚する。驚愕した粛宗は張禧嬪を側室に降格させた。

空いた王妃の座に仁顕王后を復帰させよ！

仁顕王后が１７０１年に亡くなると淑嬪・崔氏から告発があった。

王妃を呪い殺したのは張禧嬪です
ナニ〜

激怒した粛宗は
張禧嬪に死罪を命じた。

張禧嬪を生かしておくわけにはいかない

こうして張禧嬪は毒を
飲まされる羽目になった。

なぜ私が死ななければならないのか

張禧嬪が産んだ世子は
後に景宗（キョンジョン）として即位。
彼女は死後に国王の母になった。

後日談として解説を付け加えよう。粛宗が張禧嬪に死罪を命じたとき、臣下からは相次いで反対意見が出た。

「寛大な処分をお願いします。世子のためにも、そのほうがよろしいかと……」

それが重臣たちの意見の総意であった。

なにしろ、張禧嬪は世子の生母なのである。将来の国王の母親を自害させることは、後の禍根の原因にもなりかねなかった。

しかし、粛宗は強硬だった。1701年10月8日の『朝鮮王朝実録』には粛宗の次の言葉が載っている。

「張禧嬪が王妃に嫉妬して、宮殿の中や外に神堂を設置して、日夜祈願をしながら凶悪で不潔なものを埋めた。実に狼藉なことで、憤慨するばかりだ。これをそのまま放置すれば、後日に国家の懸念となる。よって、張禧嬪を自決させよ。もちろん、余が世子のことを考慮しないわけがない。熟慮した結果、すべきことが明確になったので、この処分を全うするしかないのだ」

こうして張禧嬪は粛宗の厳しい王命によって死罪になった。

6　国王に寵愛された側室の栄光と喪失は隣り合わせ！

韓国ドラマの視聴者から「好きな時代劇」のアンケートでかならず上位に選ばれる傑作『トンイ』。ハン・ヒョジュが演じたヒロインのトンイは、ドラマ用に作られた名前だ。実在したモデルは淑嬪・崔氏である。

彼女は19代王・粛宗の側室として息子を3人産んでいる。最初の息子は1693年にこの世に誕生し、永寿君（ヨンスグン）と命名された。この子の名前は「長寿」を願う深い愛情に満ちたものであった。粛宗は我が子の誕生を心から喜び、その喜びは『トンイ』でも繊細に描かれていた。

しかしながら、「長寿」とは無縁だった。

なんと、永寿君はわずか2カ月でこの世を去ってしまったのだ。粛宗と淑嬪・崔氏の悲しみはあまりに深かった。

淑嬪・崔氏は再び妊娠し、翌年に粛宗の息子を出産した。この子は順調に育っていったが、張禧嬪が産んだ息子がすでに世子となっていたために、将来の国王の座を獲得するのは難しかった。

しかし、運命は予想外の方向へと進んだ。張禧嬪の息子は粛宗が亡くなった1720年に景宗（キョンジョン）として即位したが、はからずも短命であった。それによって、淑嬪・崔氏の子が1724年に英祖（ヨンジョ）として即位することになった。ついに淑嬪・崔氏は国王の母となったのである。

ただし、彼女は1718年に世を去っているので、息子が国王になったことを生前には知らなかった。

なお、淑嬪・崔氏には他に3人目の息子がいたが、あまりに早く亡くなっているので、名前さえ記録に残されていない。

結果として、淑嬪・崔氏は3人の子を産んだものの、2人が早世してしまったのだ。英祖の誕生は彼女に最高の喜びを与えてくれたのだが、他の2人の早世は無限の悲しみをもたらした。

7　哲仁王后の性格はドラマとどのように違うのか

ドラマ『哲仁王后〜俺がクイーン!?〜』は、韓国大統領官邸のシェフの魂が朝鮮王朝時代の哲仁（チョリン）王后の心に入り込んでしまうという話だ。

ドラマの序盤では、王妃がまるで男性のようにふるまうので、そばに付いている女官たちが混乱してしまう。そんな騒動が大いに笑いを誘うのだが、そもそも、心の中に男が入り込んでしまった王妃とは、本来はどんな女性だったのだろうか。そのことがとても気になるので、史実をひもといて哲仁王后の人物像を明らかにしてみよう。

『哲仁王后〜俺がクイーン!?〜』では第3話で王妃に仕えている女官のホンヨン（チェ・ソウンが演じている）が「王妃がどんな方なのか」を語っている場面があった。それによると、王妃はとても気難しい性格で、周囲が少しでも騒いでいるとあからさまに激怒するタイプだった。それは、史実でも同じだったのだろうか。

哲仁王后は1837年に生まれている。彼女は当時の朝鮮王朝で絶対的な権力を握っていた安東（アンドン）・金氏（キムシ）の一族の出身であり、1851年に14歳で25代王・哲宗（チョルジョン）と結婚して王宮に入ってきた。

性格は口数が少なく、感情がおだやかだったと言われている。そういう意味では、徳があって、女官たちを困らせることもなかった。

つまり、『哲仁王后～俺がクイーン!?～』の中でホンヨンが語った哲仁王后の性格は、実際とはかなり違っていたのである。

しかし、父親の金汶根（キム・ムングン）は娘が王妃になったことで図に乗り、横暴な態度が多くて悪評が絶えなかった。

そういう事情もあって、哲仁王后はなおさら控えめにして評判が悪くならないようにふるまった。

哲宗は側室が多かったのに女官にも手を出す有様で、好色ぶりが目立っていた。哲仁王后も内心ではかなり戸惑いがあったものと思われる。結局、哲宗は酒と女に溺れて早死にしてしまい、哲仁王后は最後まで苦労させられた。

ところが、150年後に大人気の時代劇で喝采を浴びるヒロインになるとは夢にも思わなかったことだろう。

8　偉大な国王なのに「人間不信」に陥っていた？

ドラマ『イ・サン』や『赤い袖先』で主人公になっている22代王のイ・サン（正祖〔チョンジョ〕）。ドラマの中では聖人君子のように描かれていて、庶民思いの慈悲深い国王になっている。史実でも彼の人物像は理想化されており、間違いなく朝鮮王朝時代を代表する偉人だ。

それほどイ・サンは「非の打ち所がない人物」だったのか。実は、決してそうとは言えない。彼も人間である。良い面だけではなく、「猜疑心が強い」「執念深い」「復讐心が強い」という面も持ち合わせていた。

たとえば1776年に国王になったとき、露骨に復讐心をあらわにしている。彼の父の思悼世子（サドセジャ）は老論派の陰謀によって米びつに閉じ込められて餓死してしまったが、即位してすぐのイ・サンは父を陥れた連中を根こそぎ極刑にしている。特に叔母の息子（養子）や母の叔父まで命を落としている。

とにかく、国王になって真っ先に行ったことが過激な粛清だった。後にあれほど名君と言われた割には最初から私情を出して自分の怨みを晴らしていた。

また、非情な面もあった。洪国栄（ホン・グギョン）といえばイ・サンが一番信頼した側近である。しかし、洪国栄が権力を持ちすぎて増長したとき、イ・サンは洪国栄を見捨てている。もちろん、洪国栄の自業自得の部分も大きかったのだが、それでも最大の功労者をあっさり見限ったという非情な面を見せている。

さらに、イ・サンが亡くなるときの話だ。1800年、48歳の彼は急に高熱を発して病に伏せった。そのとき身近に優秀な主治医がいるのに、あえて彼らの診察を受けようとしなかった。むしろ地方の名医をわざわざ呼んで診察を受けている。これでは国王の命を守ってきた侍医たちの面目は丸つぶれである。

なぜイ・サンは侍医たちの診察を受けなかったのか。それは極度に暗殺を恐れた結果であった。つまり、侍医たちが反対勢力に買収されていると疑ったのだ。また、イ・サンは薬の調合場面も自ら視察して細かくチェックしている。逆に言うと、自分以外の人間をまるで信用していなかった。用心深い性格だったのだろうが、人間不信という一面もあったのかもしれない。

9 燕山君の最期は『朝鮮王朝実録』でどう記されたか

10代王・燕山君（ヨンサングン）は残虐なことを繰り返した暴君として悪評だらけだったが、史実ではどのように人生の終わりを記されていただろうか。

朝鮮王朝の歴史を記録した『朝鮮王朝実録』で燕山君の死についての記述があるのは1506年11月8日である。

国王の中宗（チュンジョン）に対して臣下が「11月6日に燕山君が病気で息を引き取りました」と報告し、「特に遺言はありませんでした」と付け加えている。

さらに、死ぬときの様子として「燕山君は慎氏（シンシ）に会いたがっていました」と臣下は中宗に伝えた。

この慎氏は燕山君の正室であり、クーデターで燕山君が廃位になったのにともなって廃妃になっていた。

実際、廃位となった燕山君は江華島（カンファド）に島流しとなり、慎氏とは離れ離れになっていた。

そんな慎氏に会いたがっていたという燕山君。すでに、寵愛した側室の張緑水（チャン・ノクス）は、生前の悪行によって庶民に怨まれて斬首になっていた。

そのことで燕山君も胸を痛めていたはずだが、正妻だった慎氏にも特別な哀惜を持っていたに違いない。

なお、廃位になってからわずか2カ月で急死したことで、燕山君の早すぎる死に対しては毒殺説も流布した。

その説には根拠もあった。クーデターを成功させた高官たちが、燕山君の残党たちの復讐を極端に恐れていたのだ。そんな彼らが、燕山君の早すぎる死を望まない理由を見つけるほうが難しい。

王宮で贅沢ざんまいに暮らした暴君が、島流しになった途端に病死した……額面どおりに受け取れないのは当然のことかもしれない。

燕山君は最期まで世間を騒がせる存在だった。

10 側室同士の品階獲得競争があまりに熾烈だった

側室は、朝鮮王朝では「後宮（フグン）」と呼ばれていた。なんとなく、後ろめたい響きがある。

しかし、それは気のせいで、彼女たちは実際に王宮の後ろ側に住んでいた。王宮の中央に住んでいたのが王妃。それゆえ、国王は王妃のことを「中殿（チュンジョン）」あるいは「中宮（チュングン）」と呼んでいた。「後宮」と比べると、やはり格の違いを感じさせる呼び方だ。

それもそのはずで、王妃は王族に列せられるが、側室は分類上で女官となっている。とはいえ、王宮で実際に労働をしている女性とは明らかに待遇が違った。それは、品階でも明確に区分されていた。

基本的なことを言うと、朝鮮王朝では王宮で奉職している女官には、役職に応じて品階が与えられた。

その品階には一品から九品までのレベルがあり、それぞれに「正」と「従」があった。合計すると品階が18。もちろん、「従」は「正」より位が下になっていた。

なお、正五品から下は実際に王宮で労働をする女官たちだ。

韓国時代劇でもひんぱんに出てくる尚宮（サングン）は正五品の品階を持っていて、働く女官のトップになっていた。

一方、正一品から従四品までの品階を持つ女官は、実際に労働をするわけではなかった。なぜなら、彼女たちはすべて国王の側室だからだ。そうした側室の品階の名称は、それぞれ次のようになっていた。

正一品　嬪（ピン）
従一品　貴人（キイン）
正二品　昭儀（ソウィ）
従二品　淑儀（スギ）
正三品　昭容（ソヨン）
従三品　淑容（スギョン）
正四品　昭媛（ソウォン）

品階に応じて立つ位置が決められていた

品階によって住居にもランクがあった

従四品　淑媛（スグォン）

この名称を見てわかるように、側室の最高位は正一品の「嬪」だ。

その多くは王子を産んだ女性であり、名前の中に「嬪」ともう一つの漢字をつけることが許された。

ドラマ『トンイ』のメイン・キャラクターになっていた淑嬪・崔氏や張禧嬪は、名前から見ても正一品の品階を持っていたことがわかる。2人はともに王子を産んでおり、その功績で正一品を獲得していたのだ。

このように、側室の品階は国王にどれだけ寵愛されてどんな子供を産んだかによって決められる。

王子を産んだ場合、王女を産んだ場合、子供を産んでいない場合などによって品階に明らかな差がついていた。

そういう意味では、側室同士の品階獲得競争は常に熾烈であり、子供を産むことができなかった側室は「従四品の淑媛のまま」という待遇も甘んじて受けなければならないことが多かった。

11 王宮を出される女官の境遇は涙なくして語れない

ドラマ『赤い袖先』の中で、王宮に奉職している女官たちの哀しみを象徴するようなエピソードが披露されていた。

それは、イ・セヨンが演じるソン・ドギム（成徳任）の親友であるキム・ボギョン（イ・ミンジが演じている）のことだった。

ボギョンはもともと大殿（テジョン／国王の住まい）で仕える女官だ。つまり、国王の英祖の世話をする係だったのである。そのあたりは、世子のイ・サン（後の正祖）が主人となる東宮（トングン）とは違った。

ソン・ドギムはこの東宮で働いていたが、イ・サンが国王になったことにともなって、彼女たちはそのまま大殿に移っている。そして、国王になったイ・サンに今までどおり仕えていくのだ。

しかし、もともと大殿で働いていた女官たちの場合は、英祖が亡くなったことで、働く場を失ってしまうケースが多かった。ボギョンもその1人だった。

仕方なく彼女は王宮を出て食堂で働くことになった。その様子を見に行ったソン・ドギムは、ボギョンのことが気の毒に思えて辛くなった。それゆえ、ソン・ドギムは、イ・サンと勝負事をして勝ったら大事な願いを叶えてもらえる約束をした。

こうしてボギョンを再び王宮に呼び戻すことができたのだが、現実はなかなかそういうわけにはいかない。国王の死はそのまま女官の失職につながってしまったのである。

それ以外にも、病気になったり年老いたりしたら、何の保証もなく女官が王宮から出されてしまうことが多かった。

女官たちは幼い年齢で見習いとして王宮に入ってきて、「国王と結婚した女性」と見なされて他の男性と結婚もできなかった。それなのに、実際の立場は不安定で王宮を出される危険性にさらされていた。

そうした哀しみを抱えていた女官だけに、『赤い袖先』で一度は王宮を出されたボギョンが再び王宮に戻ってこられたシーンは良かった。

たとえドラマの話とはいえ、宮女の境遇が助かるエピソードというのは、少しでも心が救われる。

第2章

朝鮮王朝を震撼させた悪女たちの所業を暴く

1　悪役が似合いすぎる和緩翁主は哀しい王女なのか

ドラマ『イ・サン』や『赤い袖先』はイ・サンを主人公にしているが、両方のドラマで必須な悪役を一手に引き受けていたのが和緩（ファワン）翁主（オンジュ）であった。演じていたのは、『イ・サン』でソン・ヒョナ、『赤い袖先』でソ・ヒョリムだった。2人の女優は、憎たらしい表情を存分に出して希代の悪女を強烈に見せていた。

なにしろ、和緩翁主は世孫（セソン／国王の正式な後継者となる孫）のイ・サンが即位してしまうと、自分の立場が極端に悪くなるのは明らかだった。それゆえ、狡猾な手を使ってでもイ・サンの即位を阻まなければならなかった。悪女なりに彼女も必死だっただけに、やることも本当にえげつなかった。それがむしろ、苦境に耐えるイ・サンの辛抱強さを強調する役目を果たしたのだが……。

そんな和緩翁主は史実でどんな女性だったのだろうか。

和緩翁主は英祖（ヨンジョ）の娘だ。

翁主というのは、国王の側室が産んだ王女のことを指しており、彼女の母親は英祖の側室だった映嬪（ヨンビン）・李氏（イシ）である。

同じ両親から生まれた兄がイ・サンの父親であった思悼世子（サドセジャ）。とはいえ、この兄妹は仲が悪かった。思悼世子は1762年に素行の悪さが指摘され、英祖によって米びつに閉じ込められて餓死してしまうが、その際に兄の悪口を英祖に吹聴したのが和緩翁主だと言われている。

いわば、思悼世子の餓死事件を招いた張本人の1人だ。

当時、イ・サンは10歳であったが、叔母の和緩翁主の悪行を決して忘れなかっただろう。それゆえ、彼にとって和緩翁主は復讐すべき相手になっていた。

ただし、慎重に事を運ぶ必要があった。英祖が自分の王女を溺愛していたからだ。

実は、英祖には娘が多かった。彼の2人の妻は子供を産まなかったが、4人の側室が合計で2人の王子と7人の王女を産んでいた。その7人は、和順（ファスン）翁主、和平（ファピョン）翁主、和協（ファヒョプ）翁主、和緩翁主、和柔（ファユ）翁主、和寧（ファリョン）翁主、和吉（ファギル）翁主である。

この中で最も有名なのが長女の和順翁主だ。彼女は夫が急死したあと、一切の食を断ってしまい、夫の後を追って亡くなった。

当時の朝鮮王朝では儒教精神が濃厚に浸透していて、「亡き夫の後を追うのは烈女の証」と言われた。

それを実行した和順翁主は最高の形で称賛されたのだ。しかし、父親の英祖としては、娘を失った悲しみがあまりに深かった。それゆえ、さらに娘たちを溺愛する気持ちが強くなり、特に和緩翁主に目をかけていた。

そんな事情があったので、イ・サンは英祖が生きている間は、どんなに和緩翁主からひどいことをされても辛抱した。

1776年、英祖が亡くなってイ・サンが22代王・正祖（チョンジョ）として即位した。ついに念願を果たす機会が訪れたのだ。

イ・サンは父の思悼世子を陥れた罪を強調して和緩翁主を厳しく処罰し、王女としての身分を剥奪した。それは、プライドだけが高かった和緩翁主にとって死ぬよりも辛いことだった。

2 張禧嬪が仁顕王后をいじめた方法に仰天！

ドラマ『トンイ』では、女優として好感度が高いパク・ハソンが歴史的にも評判が良かった仁顕（イニョン）王后を演じていた。それだけに、仁顕王后のイメージはますます良くなっていた。

一方、『トンイ』で張禧嬪（チャン・ヒビン）に扮したのがイ・ソヨンだ。彼女は演じる役に応じて表情にも品がある。それゆえ、張禧嬪も『トンイ』では極端な悪役になっていなかった。むしろ、知性を感じさせる場面もあった。

こうして『トンイ』において仁顕王后と張禧嬪の登場場面では、激しく感情をぶつけあう修羅場のような描き方をしていない。

そこがイ・ビョンフン監督の味わい深い演出であり、人間を肯定的に描くスタイルが『トンイ』では好評を博した。

とはいえ、歴史上の大事件をドラマチックに描くのは当然のことだ。特に、仁顕王后が廃妃になって張禧嬪が王妃に昇格する場面で見せ場が現れた。史実では1689年の4月のことであった。仁顕王后は粛宗によって廃妃という仕打ちを受けても、実家で質素に暮らして、弁解はしなかった。一方の張禧嬪は王妃になって傲慢さが露骨になって王宮の中で顰蹙《ひんしゅく》を買った。

この対照的な行動が後の「聖女」と「悪女」の分岐点になった。仁顕王后が「聖女」として慕われたのは、彼女の性格が謙虚だったからだ。

そんな「聖女」と「悪女」の立場が再び入れ替わったのが、1694年3月のことだ。粛宗が寵愛していた淑嬪・崔氏を張禧嬪の兄が毒殺しようとしたという直訴が官僚から出され、この事件をきっかけに、仁顕王后が再び王妃に復帰して、張禧嬪が側室に降格となったのである。

衝撃を受けた張禧嬪。彼女がさらに落胆したのが1694年9月20日の出来事だ。この日に何が起こったのか。

実は、淑嬪・崔氏が王子を産んだのである。粛宗にとっては二男にあたるが、この王子が後の21代王・英祖である。

粛宗は本当に嬉しかったようだ。お付きの臣下たちに褒美として馬を贈っている。彼の

粛宗の統治時代によく使われた秘苑（ピウォン）にある暎花堂（ヨンファダン）

池の奥に見える建物が秘苑を代表する宙合楼（チュハムヌ）

喜びの大きさを物語っていた。

しかし、粛宗の長男である世子を産んでいる張禧嬪はあせっていた。世子に6歳下の弟ができて、いつ粛宗の気が変わるかわからなかったからだ。

不安が大きくなった張禧嬪がイライラをぶつける相手が仁顕王后だった。彼女の性格が優しすぎるのをいいことに、張禧嬪は仁顕王后をイジメるようになった。

言葉遣いもひどかった。本来なら、王妃のことを「中殿（チュンジョン）」と尊称で呼ばなければならないのに、張禧嬪は露骨に「閔氏（ミンシ）」と呼んだ。直接名前で呼んで敬称をはぶくというのは、とても無礼なことだったのに……。

しかし、張禧嬪はお構いなしだ。イジメはひどくなる一方だった。

さらにエスカレートした張禧嬪は、お付きの女官に命じて、仁顕王后の寝殿の窓に穴をあけさせて中を見張らせた。

つまり、「のぞき」までさせたのである。

すでに張禧嬪は粛宗の寵愛を失っているのに、悪あがきをやめなかった。

3 あまりにひどい悪女と思われた王妃の本当の姿は？

ドラマ『不滅の恋人』を見ていて、鬼のように恐ろしい女性として描かれたのがナギョムだった。

主役のチン・セヨンが演じるソン・ジャヒョンの友人だったのだが、イ・ガンの妻になってから豹変した。イ・ガンが国王になると、ソン・ジャヒョンを拷問にかけて命を奪おうとした。『不滅の恋人』では、イ・ガンを上回る悪役だと言える。

イ・ガンは実在の首陽大君（スヤンデグン）がモデルになっており、ナギョムが該当するのは首陽大君の妻の尹氏（ユンシ）だ。

しかし、歴史上の尹氏は本当にナギョムと似ていたのか。そこで、尹氏の人物像を見てみよう。

尹氏は名家の出身だ。本来王室と縁談があったのは彼女の姉だったという。しかし、首陽大君の父だった世宗（セジョン）は、尹氏のほうがもっと優れていると聞いて、彼女を息子の嫁に迎えた。

尹氏は10歳のとき、1つ上の首陽大君と婚礼を挙げ、王室の一員になった。彼女と首陽大君は仲が良かった。

当時、上流階級の男なら妾を持つ例が多かったが、首陽大君はそうしなかった。それほど尹氏を愛していた。

野心が強すぎて王位をやがて狙うようになった首陽大君。最初は尹氏も諌めていたが、夫の決意を悟ってからは全面的に支援した。

1455年、首陽大君は甥であった6代王・端宗（タンジョン）を脅して王位を奪い、7代王の世祖（セジョ）になった。それにしたがって彼の妻の尹氏も王妃となった。貞熹（チョンヒ）王后の誕生である。以後、世祖が安定した王権を確保するまで、誰よりも世祖を助けた。

けれど、世祖と貞熹王后の夫婦は、自分たちの後を継ぐ大事な長男の懿敬（ウィギョン）世子を19歳で失った。

すべてが自分の犯した罪から来た悲劇だと信じた世祖は苦しんでいたという。それは貞熹王后も同じだった。

しかし、それだけで終わらなかった。夫の世祖がひどい皮膚病に苦しんだ末に息を引き取った後、王位を継いだ二男の睿宗（イェジョン）も、在位1年2カ月で急に世を去ってしまった。

息子を2人とも若くして亡くしたという意味で、貞熹王后は不幸な女性であった。ただし、懿敬の遺児であった二男が睿宗の後継者となった。

それが9代王の成宗（ソンジョン）だ。こうして貞熹王后は名君として有名だった国王の祖母になった。

彼女は性格的にきついところがあったが、決して悪女ではない。むしろ人情家だった。そういう意味では、『不滅の恋人』はあまりに貞熹王后を悪人に仕立てすぎていた。まさに、子孫からテレビ局にクレームが来ても不思議はないレベルの人物描写だったと思えるのだが……。

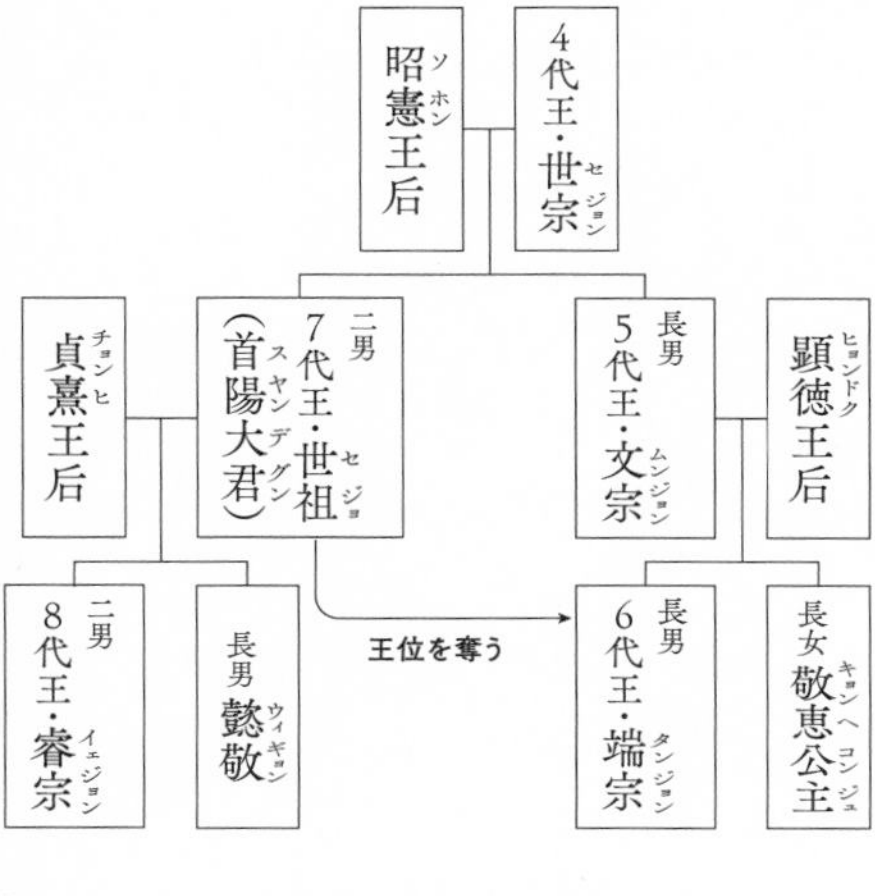

4　ここまで憎まれた側室の哀れな末路は自業自得!?

朝鮮王朝の歴史に残る悪女は、ほとんどが悲惨な最期を遂げている。

その一方で、王族女性として最悪の政治を行った人たちは、実に幸せな晩年を過ごしている。

あまりにも落差があるが、昔も今も「極悪な奴ほどよく眠る」というのが俗な世の中なのかもしれない。

そんな中で、歴史上で斬首された悪女のことは常に心に引っ掛かりがある。いくら悪事を重ねたとはいえ、首まではねられるのはよほどのことなのだ。その1人が、燕山君（ヨンサングン）の側室だった張緑水（チャン・ノクス）である。

彼女は王族の屋敷で奴婢《ぬひ》として働いていて、結婚して子供もいた。それなのに欲望を抑えきれなくなった。

結局、夫と子供を捨てて妓生（キセン）になった。宴席では歌謡が特に上手で、くちびるを動かさずに美声を披露したという。

すでに30歳を過ぎていたが、妖艶な雰囲気が男たちを引き付けた。都で評判となり、燕山君に気に入られて側室になった。途端に、彼女は王宮の倉庫から財宝を持ち出して私腹をこやした。

結局、酒池肉林に明け暮れた燕山君と張緑水の浪費は、王朝を破産状態にするほどであった。

それなのに、燕山君は民衆に重税を課したのでとても怨まれた。

１５０６年に燕山君はクーデターで王宮を追われ、彼は流罪先で２カ月後に絶命した。張緑水も市中で斬首となり、遺体が放置された。

多くの人が遺体に石を投げたので、たちまち石塚ができたという。それほど民衆から極度に憎まれたのである。

5 「善人」仁宗を襲った「冷血」文定王后の罠がひどい

11代王・中宗（チュンジョン）の三番目の妻が文定（ムンジョン）王后である。彼女は大変な親孝行で有名だった12代王の仁宗（インジョン）を毒殺したと疑われている。本当に冷酷な悪女であった。

そんな継母の文定王后に殺されたと言われる仁宗は、どれほど親孝行だったのか。

1544年の11月、父の中宗が深刻な病に襲われたとき、長男である仁宗は父の病床に寄り添い、手厚い看病を自ら行っていた。

さらに、仁宗の孝行心は度を越えていた。なにしろ、彼は食事さえも控えるという過激な行動に出てしまったのだ。この願掛けは、結果として仁宗自身も衰弱させる原因となってしまった。

仁宗の側近たちもこう嘆いた。

「世子様（ここでは仁宗）は、お粥すら口にすることがありません。何度も『お食べください』と頼んでも受け入れてくれません。国家のことを心配するのであれば、何としても食事を摂っていただくべきなのですが……」

側近たちの懸念も当然だった。いくら親孝行とはいえ、次代を担う世子が絶食によって健康を損なうと、王家自体が深刻な危機を迎えてしまう。

最終的には、重臣たちが集まって説得し、ようやく仁宗は少しだけお粥を食べるようになった。

その直後、中宗はこの世を去った。仁宗は慟哭し続けた。

しかし、いつまでも悲嘆に暮れているわけにはいかない。仁宗自身が朝鮮王朝の玉座につき、国家を統治しなければならないのだ。それなのに、仁宗はすぐに重病に倒れてしまった。

その際、仁宗が文定王后のもとで餅を食べたことが疑念のきっかけとなり、「その餅に毒が……」との噂が広まった。

文定王后は、その後も不可解な行動を続け、『朝鮮王朝実録』にもその行状が記されている。

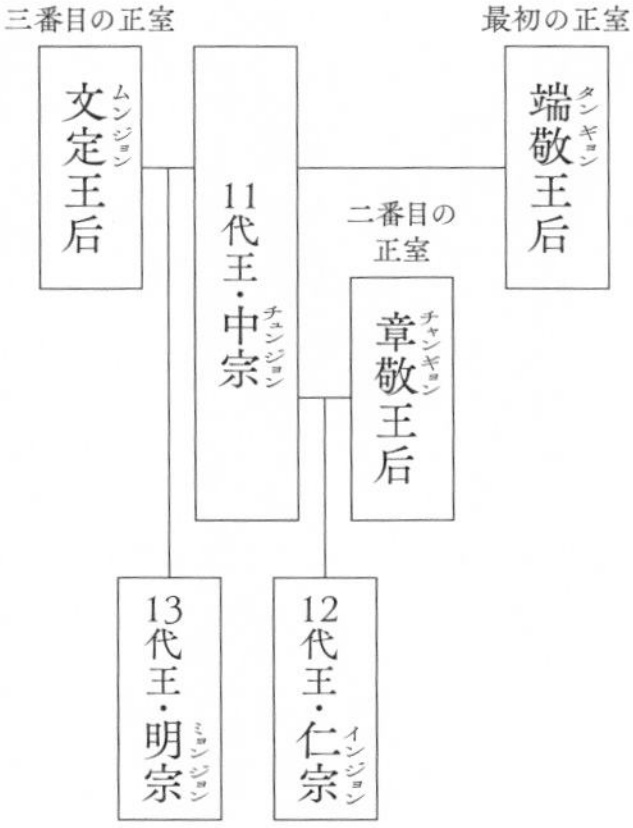

仁宗が重病に伏せっているにもかかわらず、文定王后は王宮の外に出たがり、重臣たちを困惑させた。なぜなら、混乱を防ぐために「外出は控えてください」と重臣たちが進言しても、彼女が外出を強硬に主張したからだ。

文定王后のこの行動は、仁宗の病状を王宮の外にもらす目的であったと推察される。事実、彼女が仁宗の命を狙っていたことは、なかば公然の秘密であった。

仁宗は、1545年7月1日にこの世を去った。

その後、文定王后の息子が13代王・明宗（ミョンジョン）として即位し、文定王后はあまりにも冷酷な態度で仁宗の葬儀を軽視した。服喪の期間が短縮され、陵墓も格下げとなってしまった。

大妃（テビ／国王の母）となった文定王后は、権力を握り、一族で政権を独占した。政治は腐敗し、賄賂がはびこった。本当にひどい世の中になった。その元凶は間違いなく文定王后であった。

6 鄭蘭貞は一番恥ずかしき「最悪の手先」だった

1527年に起こった「灼鼠《しゃくそ》の変」という事件を知っているだろうか。文定王后と鄭蘭貞（チョン・ナンジョン）が共謀して仕組んだ恐ろしい悪事であった。

11代王・中宗の息子だった世子（セジャ／国王の正式な後継者）は12歳だった。悪事の発端は、世子の誕生日に、東宮にあった大木の枝に、焼かれたネズミの死骸が吊るされていたことだ。

さらに、大殿のそばでも、焼かれたネズミの死骸が見つかった。世子は子年《ね》だった。それだけに、ネズミの死骸は、世子の不幸な将来を暗示しているかのようだった。

徹底的な犯人捜しが始まった。

しかし、犯人がまったくわからなかった。そのうち、敬嬪（キョンビン）・朴氏（パクシ）という側室が疑われた。

彼女は中宗の息子を産んでおり、宮中でも立場が強かった。そんな彼女に怒りを向けていたのが文定王后で、巧妙な手口で敬嬪・朴氏を陥れた。

そのときに暗躍したのが手先として動いて「灼鼠の変」を起こした鄭蘭貞であり、結果的に文定王后は一番嫌っていた敵を王宮から追い出すことができた。

以後も、鄭蘭貞は文定王后の手先として悪行に手を染めた。

もともと彼女は最下層の身分だったが、妓生として働いているときに文定王后の弟であった尹元衡（ユン・ウォニョン）に気に入られ、そのまま妾になった。

それを足掛かりにして、鄭蘭貞はとことん悪知恵が働くところを文定王后に認められたのである。

鄭蘭貞の悪行は際限がない。尹元衡と共謀して彼の妻を毒殺したことは、その典型かもしれない。

7 権力を裏で操った金介屎が たどった最期の運命とは？

朝鮮王朝では悪事を働いた女官がたびたび王宮で騒動を起こしているが、その中で強烈な個性を発揮していたのが金介屎（キム・ゲシ）だ。

彼女のことは『華政（ファジョン）』でキム・ヨジンが演じていて、『ポッサム～愛と運命を盗んだ男～』ではソン・ソンミが扮していた。どちらのドラマでも金介屎はアクの強い悪女として描かれていた。

金介屎の本質は、機を見るに敏な策略家だった。もともと幼い年齢で王宮に入り、当初は光海君（クァンヘグン）の周囲で働いていたが、後に14代王・宣祖（ソンジョ）に従う女官になった。文書の扱いが優れていたというから頭脳が明晰であったことは間違いない。

宣祖が世子を選ぶときに、側室が産んだ長男・臨海君（イメグン）と二男・光海君が候補になった。

金介屎は光海君が後継者になるように盛んに動いている。結果的に光海君が世子となり、

1608年に15代王として即位した。

それでも、金介屎は安心していなかった。光海君を支えた高官だった李爾瞻（イ・イチョム）と組んで、光海君の王位を脅かす勢力の排除を狙った。

最初の標的になったのが臨海君だ。彼は自ら王位を狙う意志を見せたので、1609年に金介屎と李爾瞻がその命を奪った。次に狙ったのが、宣祖の二番目の正室だった仁穆（インモク）王后が産んだ永昌大君（ヨンチャンデグン）だった。

側室から生まれた庶子の光海君と違って、永昌大君は嫡子そのものだった。この正統的な存在を排除するための策略を考えた金介屎は、名門出身の庶子たちが疑われた殺人事件を利用することにした。

1613年、7人の庶子が「竹林の七賢人」をきどりながら宴会を開いているときに近所で強盗殺人事件が起こった。彼らは容疑者として逮捕されたが、金介屎と李爾瞻は、捕まった庶子7人を利用することを考えた。言うとおりにすれば命を助けてやる、と持ち掛けたのだ。

助かりたい一心で7人は承諾し、その中の1人だった朴応犀（パク・ウンソ）は、偽りの

悪女たちが王宮内のいろいろなところで暗躍した

悪女の多くが王宮内部をよく知る情報通だった

証言をした。

「単純な強盗ではない。乱を起こすために食糧や武器を集めていたのだ」

こう述べた朴応犀は、金悌男（キム・ジェナム／仁穆王后の父）と通じて永昌大君を即位させる計画を立てていたことを暴露した。完全な偽証だが、取り調べた官僚たちがすっかり真に受けてしまった。罪のない金悌男が死罪となり、7歳だった永昌大君も連座制に問われた。

永昌大君は江華島（カンファド）に流罪となり、1614年には金介屎が送った刺客によって殺されてしまった。

まさに「悪魔」のような存在であった金介屎。

1623年、クーデターによって光海君が廃位にされると、悪事が露見した彼女は斬首される運命をたどった。

8　イ・サンの母の悪評は史実に合っていたのか

1762年に米びつの中で餓死した思悼世子（サドセジャ）の妻が恵慶宮（ヘギョングン）である。彼女はイ・サン（正祖〔チョンジョ〕）の母だ。ドラマ『イ・サン』では、キョン・ミリが恵慶宮を演じていた。

このキョン・ミリは『宮廷女官 チャングムの誓い』で強烈な悪役を演じたので、彼女が扮した恵慶宮も「悪い人なのでは？」と思う人も多いかもしれない。そこで、史実で彼女の人生を追いかけてみよう。

思悼世子と恵慶宮が結婚したのは1744年であり、新婦は9歳であった。最初は思悼世子と恵慶宮も仲のいい夫婦だったが、次第に心が通わなくなった。問題は思悼世子にあった。

彼は酒癖が悪く、家臣への暴力も多かった。それが恵慶宮を悩ませた。しかも、思悼世子は側室を殺してしまうという事件も起こしていた。

結局、思悼世子は英祖の命令によって「餓死」という最悪の最期を迎えてしまったが、息子のイ・サンは10歳だった。

彼は父親のために、祖父の英祖に「命だけはお助けください」と懇願している。本当に父親思いの息子だ。

しかし、恵慶宮は夫の助命を願い出なかった。

静観しているかのように周囲から見えた。それが、恵慶宮が後に悪評を受ける根拠になっていたが、彼女にも言い分があった。英祖から見れば、恵慶宮は嫁にすぎなかった。大王として絶大な権力を握っていた英祖に対して、恵慶宮が意見を述べる立場ではなかったことも確かなのだ。

恵慶宮がいくら夫の安否を心配しても、どうしようもできなかったというのが事実かもしれない。つまり、恵慶宮は世間で言われていたような「冷たい妻」ではなかったとも言えるのだ。

彼女は晩年になって随想録を出しているが、その中では思悼世子のことをしきりに批判していた。

具体的に恵慶宮は夫のことを「家臣によく暴力をふるった」「酒癖が良くなかった」「た

びたび精神が錯乱状態に陥っていた」「側室を殺したことがあった」などと指摘していた。

反対に、恵慶宮は実家の洪（ホン）一族のことを必死に擁護した。洪一族と思悼世子は、政治的に対立することが多かったので、父の洪鳳漢（ホン・ボンハン）と叔父の洪麟漢（ホン・イナン）は、思悼世子の即位を食い止める動きを活発に展開した。

そのことはイ・サンが1776年に即位したときに波紋を呼び起こした。2人の策動が露見し、最終的に洪麟漢は死罪に処されるという厳しい運命を課された。

かくして洪一族は悲壮な没落を迎えたが、この運命に果敢に立ち向かったのが恵慶宮であった。

彼女はただの擁護者にとどまらず、随想録においても「父と叔父はまったく悪くない」という言葉を通じて、彼らの名誉を守り続けた。

1815年、80歳でこの世を去った恵慶宮は、息子イ・サンの死を15年も超えて孤独に生き抜いたのである。

9 韓国で有名なイ・サン毒殺説の首謀者は「あの人」

英祖の最初の妻は貞聖（チョンソン）王后であったが、1757年に亡くなっている。2年後の1759年に英祖は新しい妻を迎えた。それが14歳であった貞純（チョンスン）王后だった。

英祖は65歳になっていたので、年齢差は51歳もあった。夫婦というよりは祖父と孫娘のような関係だ。

それも仕方がない。朝鮮王朝の国王の場合、王妃が亡くなって新しい妻を迎えるときは10代の娘にするということが慣例になっていたからだ。

わずか14歳で英祖の妻となった貞純王后。思悼世子の餓死事件が起こったのはそれから3年後のことであり、貞純王后は17歳になっていた。

17歳の若さで何ができるのか、と思うのは現代的な感覚である。18世紀の当時では17歳は立派な成人であり、王妃として王宮内で影響力を発揮することが十分に可能だった。しかも貞純王后の実家は老論派の一派であり、老論派の敵であった思悼世子を何とかしなければいけない立場でもあった。それゆえ、貞純王后は英祖に対して「思悼世子の良からぬ素行」を大げさに伝える役割を担ったのだ。実年齢でみると、思悼世子は貞純王后より10歳も年上であった。

しかしながら、形式上では貞純王后が母親。そんな立場で貞純王后は「息子」の思悼世子を陥れた。

彼女の悪事は思悼世子の息子のイ・サンにも向けられた。世孫（セソン）の即位を阻まなければならなかったし、もし世孫が国王になったら絶対に仕返しをされるのが間違いないことだった。

それゆえ、老論派の代表として暗躍したのであった。

そんな貞純王后は時代劇『イ・サン』においても陰謀に手を染める黒幕として登場する。ドラマで描かれたように、本当に恐ろしい女性だったのだ。

彼女はまた、イ・サンの最期の場面でも謎めいた動きをしている。それは、どんな出来事だったのだろうか。

イ・サンは大王として君臨していた1800年、敬愛する父・思悼世子の陵墓がある水原（スウォン）に遷都しようと考え、実際に行動に移そうとしていた。しかし、急に発病して48歳で急死してしまった。このとき、疑われたのが毒殺である。首謀者と目されたのが貞純王后である。

イ・サンは1776年に即位したときに貞純王后を処罰しようとしたが、形式上でも祖母にあたる人を孫が処罰するのは、儒教的な倫理観では不可能だった。それで貞純王后は処罰されなかったのだが、彼女はイ・サンの命を狙い続け、常に毒殺の機会をうかがっていた。その末に1800年になってイ・サンの毒殺を実行した、というのが歴史の裏面史の一つになっている。

実際、イ・サンが亡くなったあと、貞純王后は政治を代行して、利権を独占した。彼女にはイ・サンを毒殺する動機がありすぎたのだ。

第3章

国王と王妃は虚構の中で何を嘆いたのか

1 光海君が廃位になったのは「暴君」だったから？

14代王・宣祖（ソンジョ）は朝鮮王朝で初めて側室から生まれた国王だ。13代王まではすべて国王の正室から生まれていたのだ。

しかし、宣祖は庶子の出身である。朝鮮王朝には厳格な身分制度があり、庶子出身者はほとんど出世できない。そんな庶子から国王になったことで、宣祖は常にコンプレックスを持っていた。

それだけに、世子は正室が産んだ息子にしたいと熱望していたが、宣祖の正室は子供を産まなかった。仕方がないので、側室が産んだ王子の中から世子を選ばざるを得なかった。

候補は2人。臨海君（イメグン）と光海君（クァンヘグン）である。2人とも同じ側室から生まれた兄弟で、臨海君が長男だ。

順番から言えば、臨海君が選ばれるのが普通だ。

しかし、彼は性格がやや粗暴だった。二男の光海君のほうが優秀だったために、光海君を推す声が大きくなった。

1592年に朝鮮出兵が起こった。その際、臨海君は加藤清正の軍の捕虜になってしまった。彼にとって大変な屈辱であり、釈放された後も酒浸りになって生活が乱れた。逆に光海君は、地方で義勇軍を組織して戦功をあげた。光海君の評価がとても高くなり、最終的に彼が世子として確定した。

それなのに、宣祖はまだ嫡子の世継ぎにこだわっていた。最初の正室が亡くなった後、彼は仁穆（インモク）王后を新たな正室に迎えた。彼女は1606年に宣祖の嫡子を出産した。それが永昌大君（ヨンチャンデグン）である。宣祖はこの子を光海君と代えて世子にしようと思っていた。しかし、宣祖は1608年に急に亡くなってしまった。

仁穆王后も、ぜひ我が子を次の王にしたかったことだろう。ただし、永昌大君はまだ2歳で言葉も話せなかった。国王になるのは、とうてい無理だった。その結果、光海君が15代王とし

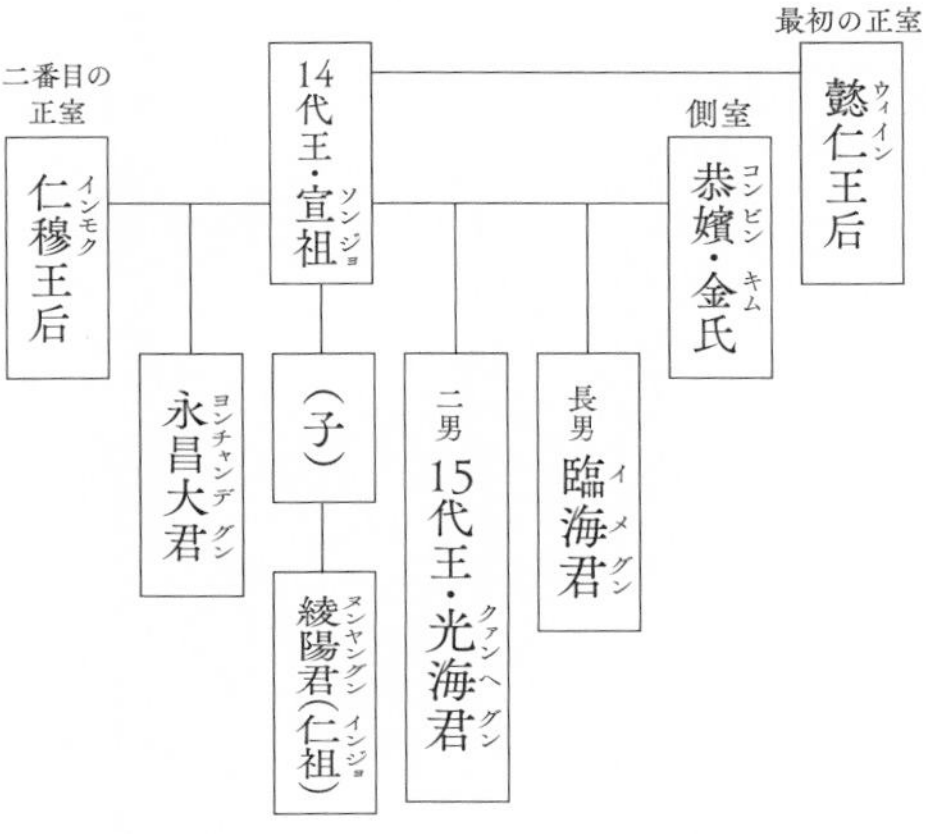

最初の正室
懿仁《ウィイン》王后
14代王・宣祖《ソンジョ》
側室
恭嬪《コンビン》・金《キム》氏
二番目の正室
仁穆《インモク》王后
永昌大君《ヨンチャンデグン》
（子）
綾陽君《ヌンヤングン》（仁祖《インジョ》）
二男
15代王・光海君《クァンヘグン》
長男
臨海君《イメグン》

て輝かしい即位を果たした。すると彼は、王位の安泰を図るため、血塗られた粛清を始めた。

兄の臨海君と異母弟の永昌大君は権力闘争の犠牲となり命を奪われた。

さらに、継母である仁穆王后は離宮に幽閉されてしまった。すべては光海君の側近たちが王位を守るために過剰に権力を行使した結果だった。

しかし、揺るぎないはずの光海君の王位は、逆風の始まりとともにその輝きを失い始めた。血塗られた粛清の過程で、彼は多くの反対者を生み、敵意を育ててしまったのだ。

とはいえ、光海君は戦火によって荒れ果てた国土の復興に全力を尽くし、民の生活の安定に力を注いだ。

また、北方の異民族国家である後金との駆け引きを巧みに行い、外交の成功を収めた。これらの功績は、彼の名声を高めた。

だが、その功績とは対照的に、彼が兄弟を殺害した過去が再び取り沙汰され、側近たちのあせりは光海君の地位を揺るがせた。

結局、1623年に光海君は綾陽君（ヌンヤングン）が起こしたクーデターで王宮から追放される運命となった。その後のことは次のイラストで解説しよう。

2　仁穆王后はなぜ光海君の斬首に執着したのか

1623年、綾陽君は離宮に幽閉されていた仁穆（インモク）王后に使者を派遣した。

王族最長老の大妃（テビ）様から私の即位を認めていただいてきなさい

使者に仁穆王后が怒鳴った。

10年間も幽閉されていて誰も見舞いに来なかった。どんなつもりで、のこのこやって来たのか

仁穆王后の激怒を聞いた綾陽君は、
護衛兵を集めて仁穆王后を
王宮に迎えようとしたが
彼女が拒否した。

私がじかに行って
頭を下げよう

綾陽君が離宮に出向くと、
強硬な態度だった
仁穆王后の怒りが
ようやく解けた。

仇（光海君）が父や息子を
殺害して私を幽閉した。
まさか、こんな日が
来るとは
夢にも思わなかった

仁穆王后は綾陽君に対して
強烈な命令を下した。

「追放された君主を斬首するのは無理です」と
綾陽君の臣下が言った。
綾陽君も同じ意見だった。

晴らさなければならない
怨みがある。
これだけは
絶対に譲れない！

綾陽君が16代王・仁祖（インジョ）として即位したあとも、仁穆王后は執拗に斬首を主張したが、仁祖は従わなかった。

首を！
先王を島流しにせよ。
大妃様の思いどおりには
させられない

結果的に光海君の命は助けられた。

3　一夫一婦制で4回結婚した唯一の国王は予想通りの人

朝鮮王朝では国王も妻は1人しか持てなかった。その代わりに多くの側室を抱えた。そして、王妃が亡くなったり離縁されたりすると、国王はすぐに新たな妻を迎えた。だからこそ、人生で複数の妻を持った国王が多かったのだが、それでも4人の妻を迎えた国王はたった1人しかいなかった。

それは誰であろうか。

実は粛宗（スクチョン）なのである。彼は1661年に生まれて1674年に19代王になっている。

わずか13歳で国王になったわけだが、彼は一人っ子として相当に甘やかされて育ったので、性格がわがままだった。

それでも政治的には有能で、経済の活性化や国防の強化などの善政を行っている。粛宗の統治時代は内政も安定していて、政治的には名君と言っても過言ではない。

彼の初めての妻は仁敬（インギョン）王后であったが、1680年に19歳の若さで亡くなってしまった。天然痘が死因になったと伝えられている。

次に粛宗の妻になったのは仁顕（イニョン）王后だ。しかし、王妃をさしおいて、粛宗は側室の張禧嬪（チャン・ヒビン）をあまりにも寵愛しすぎて王宮の中で様々なトラブルも起こしている。

そんな彼も後継ぎがなかなかできないことを相当深刻に悩んでいた。彼には娘がいても息子はいなかった。

それゆえに1688年10月27日に張禧嬪が王子を産んだとき、尋常ではないほど大喜びした。

なお、朝鮮王朝で世子（セジャ）というのは次の国王になる資格を持ったナンバー2を意味しているが、後継ぎが世子に指名されるためには5歳くらいまで待たなければならなかった。

それまでは元子（ウォンジャ）という資格になる必要がある。これは世子になる一番の候補という意味だ。

ただし、張禧嬪が産んだ王子はなかなか元子になることができなかった。なぜなら正室の仁顕王后はまだ若かったし、病弱だったとはいえ男子を産む可能性も残っていたからである。

それゆえ、粛宗が長男を早く元子に指名したいと言っても、周囲の高官たちは反対していた。

「王妃が王子を産むのを待つべきです」というのが大方の意見だった。

粛宗は苛立ちを募らせた。『朝鮮王朝実録』には、当時の粛宗の厳しい言葉が載っている。それは次のようなものだ。

「王家が後継者をなかなか決められないので、民衆が落ち着かない。今度こそ元子を決めたいと思っている。もし反対する者がいるなら官職を返上してすぐに王宮から出て行け」

そこまで粛宗が怒りをあらわにしても、高官たちは反対し続けた。それほど仁顕王后は王宮の中でも慕われているし、彼女が産んだ男子こそが次の国王になるべきだという気持ちを持つ人が多かった。

そういう雰囲気を粛宗も感じていながら、彼はこう主張した。

「昔から後継者がいないのが一番の不孝だと言われている。余はもうすぐ30になろうとしている。後継者がいないので毎日心配ばかりしているのだが、ようやく王子が誕生した。

それなのに元子に決めることができないというのは、一体どういうことなのか」

こう嘆いた粛宗は、高官たちの反対を無視して自分で長男を勝手に元子に決定した。それが1689年1月10日のことであった。その出来事から一転して、仁顕王后は廃妃（ペビ）になってしまった。

それでも、1694年に再び王妃の座に復帰したが、1701年に子供を残すことなくこの世を去った。

粛宗の三番目の妻は、1689年に側室から昇格した張禧嬪である。彼女は1688年に粛宗の息子を産んで翌年に王妃となったが、1694年に側室に降格し、1701年には死罪の憂き目に遭った。

粛宗はこのように3人の王妃と結婚していたが、仁顕王后が1701年に亡くなったときに、次の王妃選びが大問題となった。そのときは、側室の淑嬪（スクピン）・崔氏（チェシ）が最有力候補だった。

しかし、粛宗は先手を打つ。それは、「側室から王妃に昇格することはできない」という新たな法律を制定したのだ。

淑嬪・崔氏を狙い撃ちにしたかのようなこの法律には、粛宗が抱いていた何らかの意図があった。

というのは、淑嬪・崔氏に対して不信感があったことは確かであり、粛宗は淑嬪・崔氏を王妃にする意思を持たなかったのだ。その末に選ばれたのが仁元（イヌォン）王后であった。

1701年に王宮に招かれた彼女は、翌年に正式に王妃に昇格した。1687年の生まれで、淑嬪・崔氏より17歳も年下の清新な麗人であった。

仁元王后は、高い家柄の重臣の娘で、王妃の座にふさわしい資格を有していた。また、14歳という年齢で王妃になった彼女は王子を産むことを期待されたが、子供を授かることはできなかった。

それでも、彼女は1720年に粛宗が亡くなった後も大妃（テビ／国王の母）として威厳を示した。

4　英祖は母親の身分が低かったことを極端に恥じていた

英祖（ヨンジョ）は1694年に生まれている。

彼が7歳だった1701年10月に張禧嬪が死罪になっている。このとき粛宗は張禧嬪の子供であった世子を廃して淑嬪・崔氏の産んだ二男を世子に昇格させるという決断をしても不思議ではなかった。

それなのに、粛宗はそうしなかった。

死罪になった張禧嬪の息子をそのまま世子にした。

粛宗にはどんな思惑があったのだろうか。

たとえば、淑嬪・崔氏の出身があまりにも低かったことをとても気にかけた可能性がある。

何しろ彼女は王宮で下働きをしていた女性だった。それゆえ、その息子を世子にすることに躊躇があったのかもしれない。

強烈な身分制度に支えられていた朝鮮王朝では、下働きという身分の低い女性を王妃にすることはできなかったし、その息子を世子にすることも難しかった。

結局、張禧嬪が産んだ世子は1720年に国王の景宗（キョンジョン）となったが、在位わずか4年で世を去った。

そして、英祖が国王となった。彼は母親の身分が低かったことに強いコンプレックスを持っていたと言われている。

英祖は非常に偏屈な性格だったが、母親の身分のことで小さい頃から王宮の中で様々な差別を受けてきたことも事実だ。

そんな英祖が82歳まで長生きして52年間も国王であり続けたということにも、不思議な縁を感じる。彼は何よりも強いからだに産んでくれた淑嬪・崔氏に大いに感謝すべきであっただろう。

5 「弱き国王」の代名詞になった　ダメ男が歴史上にいた⁉

史実に基づかない架空の物語だった『100日の郎君様』。見ていて頼りなかったのが国王であった。

悪徳高官に好き放題にさせられて、からっきし弱い君主になっていた。

「こんな弱い国王は史実では誰に似ているかな」

そう考えてみたら、パッと浮かんだのが23代王の純祖（スンジョ）だ。彼は22代王・正祖（チョンジョ）の側室から生まれた息子だ。

この純祖は能力を発揮できなかった国王であり、世子が立派だったので完全に頼り切ってしまい、高官にも頭が上がらなかった。まさに、『100日の郎君様』の国王とそっくりなのである。

そんな純祖の妻が純元（スヌォン）王后だった。

悲しいことに、純祖は王妃の実家である安東（アンドン）・金氏（キムシ）の一族によって政治を牛耳られてしまった。

このように、国王の外戚が権力を持つことを「勢道（セド）政治」と呼ぶが、朝鮮王朝で一番この政治を行ったのが安東・金氏であり、それを見逃したのが純祖だった。

とはいえ、彼にも奮起した時期があった。

彼は安東・金氏の横暴を抑えるために、10歳の長男であった孝明（ヒョミョン）世子の妻として、豊壌（プンヤン）・趙氏（チョシ）の娘を迎えた。豊壌・趙氏の一族を重用して安東・金氏に対抗させようとしたわけだ。

頼もしい孝明世子の成長にしたがって、豊壌・趙氏の勢力が安東・金氏を上回るようになった。

しかし、とんでもないことが起こった。孝明世子が1830年にわずか21歳で亡くなったのだ。

有望な息子に先立たれて絶望した純祖。後ろ楯を失った豊壌・趙氏も勢力が弱まってしまい、安東・金氏が完全に復活した。

失意の純祖は1834年に44歳で亡くなった。

在位期間だけは34年と長かった。

6　国王の名前に「祖・宗・君」が付くのはなぜか

朝鮮王朝の27人の国王の名は死後に贈られた尊号である（「諡《おくりな》」と言う）。本人が生前にこの尊号で呼ばれたことはないのだが、現在では尊号で歴代王を呼称するのが常となっている。

よく見ると、尊号には「祖（チョ）」「宗（チョン）」「君（クン）」という文字のいずれかが付いている。わかりやすく言えば、業績のうえで一番格上が「祖」、次が「宗」ということになる。

とはいえ、「祖」と「宗」の違いは当時の政治状況も反映されていて、かならずしも業績が正当に評価されたものではない。

たとえば、4代王・世宗（セジョン）は民族固有の文字であるハングルの創製を主導して今では「朝鮮王朝最高の聖君」と呼ばれているが、亡くなった直後はまだハングルの価値が高くなかったので、「祖」ではなく「宗」が付けられている。

国王は王族女性と庭園で憩いの場を持った

国王が王妃や側室とよく利用した景福宮（キョンボックン）の香遠亭（ヒャンウォンジョン）

その一方で、外国から侵攻を受けたときに不手際が多かった国王でも、一応は国が滅ばないで済んだという名目で「祖」が付けられている。14代王・宣祖（ソンジョ）や16代王・仁祖（インジョ）がそうだ。その後の歴史的評価では、とうてい「祖」にふさわしくないように思えるのだが……。

このように、歴代の国王の業績というものは、時代によってかなり違った形で受け止められる。

なお、「君」がついている10代王・燕山君（ヨンサングン）と15代王・光海君（クァンヘグン）はクーデターによって追放された国王である。

いわば廃位となった王であり、尊号が贈られなかったので王子時代の名前でそのまま呼ばれることになった。

7 哲宗はあまりに情けない「操り人形」だった？

ドラマ『哲仁王后～俺がクイーン!?～』では哲宗（チョルジョン）が好意的に描かれている。劇中での彼は、無力な国王であることに耐え切れず、主導権を持った立派な国王になろうと努力している。

何よりも、真剣に民衆のための政治にも取り組もうとしていた。

哲宗がそこまで覚悟していたのは、大王大妃（テワンテビ／国王の祖母）になっていた純元（スヌォン）王后が仕切っている権力から脱却したかったからだ。彼はもう「操り人形」になりたくなかった。

それは、実際の歴史に対する強烈な皮肉であったかもしれない。というのは、史実に残る哲宗の立場は完全な「操り人形」であった。それは、彼が即位するに至った過程が如実に物語っている。

純元王后の孫であった24代王・憲宗（ホンジョン）が世を去ったのは1849年だった。

わずか22歳で急死したのだ。

純元王后は自分の権力を守れる後継者をすぐに見つける必要があった。しかし、候補者は限られていた。憲宗の6親等以内には1人も王族男子がいなかったからだ。

緊急事態となったが、純元王后が見つけ出してきたのが元範（ウォンボム）だった。

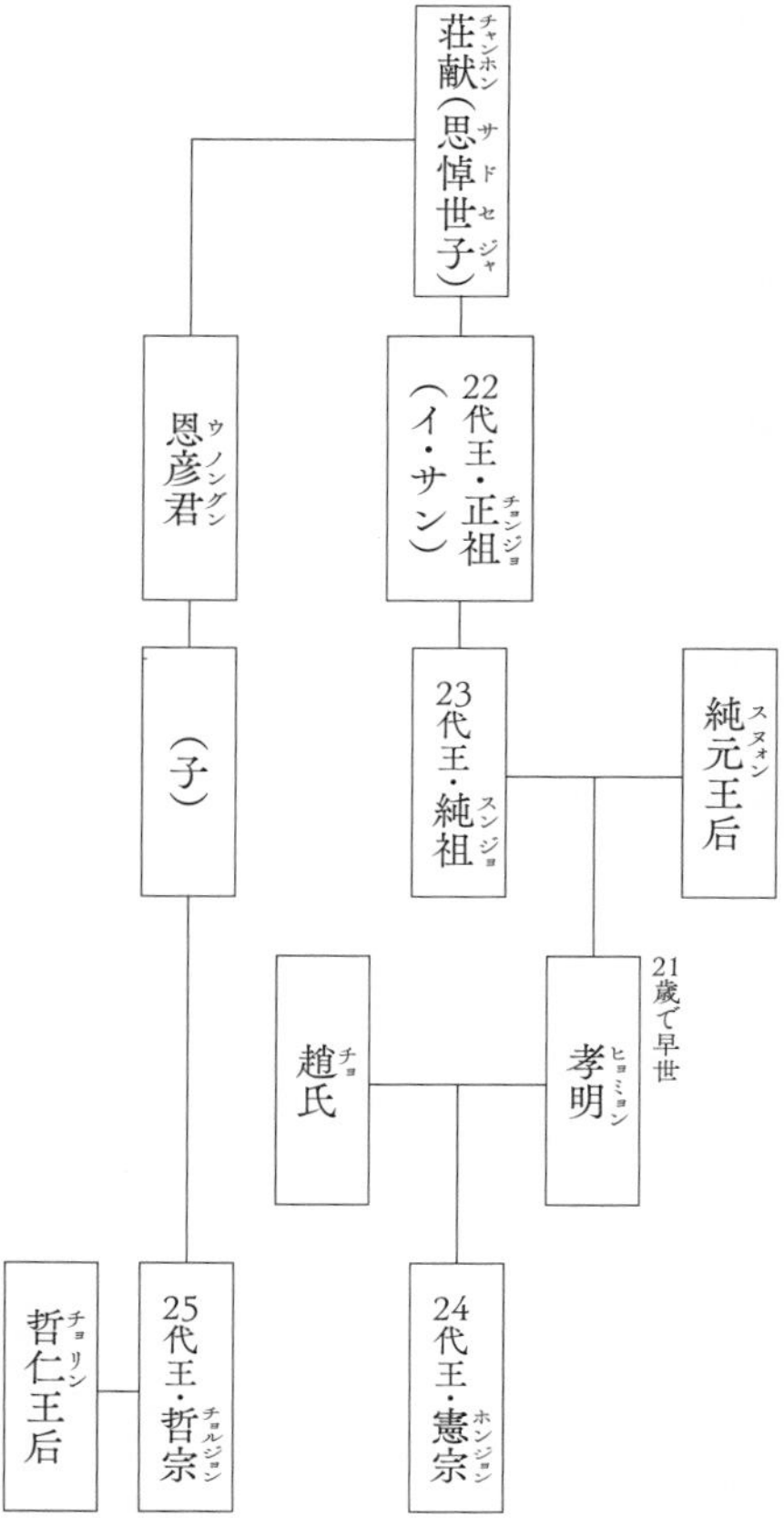
荘献《チャンホン》（思悼世子《サドセジャ》）
恩彦君《ウノングン》
22代王・正祖《チョンジョ》（イ・サン）
（子）
23代王・純祖《スンジョ》
純元《スヌォン》王后
趙《チョ》氏
孝明《ヒョミョン》
21歳で早世
哲仁《チョリン》王后
25代王・哲宗《チョルジョン》
24代王・憲宗《ホンジョン》

誰なのか？

政府高官ですら知らなかった無名の若者は、英祖から4代下にあたる18歳の青年で、曾祖父が米びつの中で餓死した思悼世子である。

この思悼世子にはイ・サンの他に恩彦君（ウノングン）という息子がいて、その恩彦君の孫が元範だ。

彼は孤独だった。親族は王家の一員でありながら政争に巻き込まれてしまい、こぞって命を落としていた。元範も配流先の江華島（カンファド）で没落した王族として辛い日々を送っていたのである。

食べるために農業に従事せざるを得ず、学問もまともにできなかった。そんな男なのに、純元王后は「一番利用しやすい男」として彼を選んだ。

こうして、元範は25代王・哲宗として即位した。彼は漢字が読めなかった。それは、純元王后にとって好都合だった。なんでも指図通りに言うことを聞かせられるからだ。そんな境遇であった哲宗が、『哲仁王后～俺がクイーン!?～』ではまったく別の人物像に生まれ変わっている。

一番びっくりしているのは哲宗本人だろう。

8 せっかく国王になっても短命だった3人の顔ぶれは？

朝鮮王朝にいた27人の国王の平均寿命は約46歳だった。若くして命を散らした国王もたくさんいたのだ。特に短命だった3人を取り上げてみよう。

〔短命だった国王〕

1位　6代王・端宗　16歳（1441〜1457年）
2位　8代王・睿宗　19歳（1450〜1469年）
3位　24代王・憲宗　22歳（1827〜1849年）

以上の中で、最も悲惨な形で世を去った人を挙げれば、それは6代王・端宗（タンジョン）の他にはいない。

彼は5代王・文宗（ムンジョン）の長男として1441年に生まれたが、誕生したときに早くも母を亡くしている。

さらに、父も11歳のときに病死してしまった。

このように両親が早く亡くなったことが端宗にとって不運だった。彼は11歳で即位したのだが、強大な力を持った後見人がいなかったという弱さを叔父の首陽大君（スヤンデグン）に突かれてしまった。

首陽大君はとてつもない野望を持って1455年に強引に王位を奪った。そして、7代王・世祖（セジョ）となった。

端宗を慕う忠臣たちは復位運動を開始して首陽大君の暗殺を狙うが、失敗してしまい処刑された。

端宗が生きていると再び復位運動が起きることを恐れた世祖は、端宗を死罪にしてしまった。

結局、端宗はわずか16歳で命を落とした。こうした事情があったので、彼は国王の中で最も短命になった。

短命だった国王の2位だった睿宗（イェジョン）と3位の憲宗（ホンジョン）は病気で亡くなった。

次に、在位が短かった国王のランキングを表示すると、以下の通りとなる。

1位 12代王・仁宗　8カ月（1544〜1545年）
2位 8代王・睿宗　1年2カ月（1468〜1469年）
3位 2代王・定宗　2年2カ月（1398〜1400年）
4位 5代王・文宗　2年3カ月（1450〜1452年）
5位 27代王・純宗　3年1カ月（1907〜1910年）

この中で5位の純宗（スンジョン）は朝鮮王朝が1910年に滅亡したので、必然的に在位が短くなった。

こうして彼は最後の国王になってしまったが、亡くなったのは1926年だった。享年52歳であった。

9 仁顕王后が張禧嬪を激しく叩いたことに驚いた！

仁顕（イニョン）王后については、どの史書を見ても決して悪く書かれていない。その意味では、悪女として名高い張禧嬪（チャン・ヒビン）とはまったくの好対照である。しかし、彼女の本当の姿を垣間見られる出来事もある。それは何なのか。

そもそも、張禧嬪は1680年に王宮で奉職することになってすぐに美貌が大評判となり、その噂を聞きつけた粛宗（スクチョン）が彼女を呼び出して、以後は寵愛するようになった。

苦々しく思っていたのが、粛宗の母親だった明聖（ミョンソン）王后だ。彼女は、張禧嬪の態度を見て、「あの女は主上（チュサン／国王）を惑わすに違いない。すぐに王宮から追い出せ」と命令を出した。

それに反対したのが、仁顕王后だった。

彼女は本当に育ちがいい女性で、性格が優しかった。張禧嬪に同情し、姑の明聖王后に対して「そこまでしなくても、よろしいのではないでしょうか」と言って、張禧嬪を擁護した。本当にお人好しだったのだ。

しかし、結局は張禧嬪も王宮から追い出された。明聖王后の意見は絶対だったし、息子の粛宗も逆らえなかった。

明聖王后は王族女性としてエリート中のエリートだった。

というのは、「世子嬪→王妃→王の母」というステップを順調にこなして大妃（テビ／国王の母）になっているからだ。

意外と思われるかもしれないが、「世子嬪から王妃へ、そして、王妃から大妃になる」というのは本当に難しかった。それを実現させた明聖王后は極端にプライドが高い王族女性であった。

性格もかなりわがままだったと言われている。女性の立ち入りが禁止されている庁舎にまで入り込んで、閣議に口を出したりしていた。あまりに態度が横暴だったので、高官たちから厳しい抗議を受けたこともあった。

そうした批判を受けても、明聖王后は決してひるまなかった。そんな明聖王后がうろたえたのは、粛宗が熱病におかされたときだ。彼女は巫女から「母の体内にわざわいがあり、それが息子の病の元になっている」と指摘されると、水浴びを繰り返して悪霊を自分から追い払おうとした。

ところが、真冬だったので水があまりに冷たかった。水浴びがからだを衰弱させて絶命してしまった。41歳のときだった。

けれど、その死は決して無駄ではなかった。粛宗が熱病から回復したからだ。いわば、明聖王后は息子の身代わりになったと言えるかもしれない。

生き返った粛宗は母に感謝したが、そのあとはすぐに張禧嬪を王宮に呼び戻している。明聖王后によって王宮から追い出されていた彼女は、明聖王后が亡くなったことで復帰することができた。

母から溺愛された粛宗は、母の指示を最後まで守らなかったのである。

張禧嬪は以前よりもっとわがままになっていた。鬼のように恐れていた明聖王后がいないので図に乗ったのだ。

そのあたりの事情を『朝鮮王朝実録』は次のように記している。

「張氏の驕慢《きょうまん》さは日々ひどくなっていった。ある日、国王が彼女と戯れようとすると、張氏は内殿（王妃）のところに逃げてきて、『どうか私を助けてください』と言った。これは、内殿の顔色を窺おうとした行動だった。内殿は顔色を整えて『あなたは伝教（王の命令）に奉じるべきなのに、なぜ恐れ多くもこのようなことができるのか』と言った。それ以降、張氏は内殿が命じるすべてのことに対して驕慢な態度を取り、謙遜もしなかった。しかも、内殿がお呼びになられても応じないこともしばしばあった」

このように『朝鮮王朝実録』が記すほど、張禧嬪は仁顕王后にひどい態度を取り続けた。これでは仁顕王后も黙ってはいられない。彼女はずっと張禧嬪をかばっていたのに、さすがに堪忍袋の緒が切れたのである。

激怒した仁顕王后はそばに仕える女官に命じて、張禧嬪のふくらはぎを激しく叩いた。それは、ふくらはぎがミミズ腫れになるほどだった。この一件で、仁顕王后と張禧嬪の対立が決定的になった。

以後、2人は険悪な間柄となり、粛宗もとりなしができないほどだった。

それにしても、王妃に対して強硬な態度に出た張禧嬪には驚かされる。国王に寵愛されているという自信が、彼女をさらに傲慢にしていた。

10 中宗の恩人だった王妃が廃妃にされたのはなぜ？

ドラマ『七日の王妃』でパク・ミニョンが演じた端敬（タンギョン）王后は、もともと行動力があって意思が明確な女性だった。

彼女が晋城大君（チンソンデグン）と結婚したのは1499年で、12歳のときだった。以来、夫婦は仲睦まじく暮らしていた。

そんな2人に青天の霹靂《へきれき》とも言える大事件が起きたのは1506年のことだ。燕山君（ヨンサングン）の暴政があまりにひどく、決起した高官たちがクーデターを計画して挙兵した。

その一部の兵士たちが晋城大君の屋敷にやってきた。燕山君を追放したあとで晋城大君に次の国王になってもらうためだった。しかし、多くの兵士を見て晋城大君は恐ろしくなって震えだした。というのは、異母兄の燕山君が自分を殺しにきたと錯覚してしまったのだ。

それには理由がある。晋城大君はずっと燕山君にいじめられていて、それがひどくなる一方だった。いつしか「兄に殺される」と覚悟するようになった。そんな心境の中で急に兵士たちがやってきたので、その軍勢が燕山君の手下だと思い込んだのだ。

「もはやここまでか」

晋城大君は観念して自害しようとした。刃を自分に向けようとしたとき、必死に止めたのが妻であった。彼女は兵士たちが燕山君の手下ではないと見抜いていた。そのうえで、妻は夫に対して「兵士たちは燕山君を追放する目的を持ったクーデター軍」ということを悟らせた。こうして晋城大君は兵士たちの正体を理解できるようになった。

安堵する晋城大君。一命をとりとめたのは妻のおかげであった。

クーデターは成功し、晋城大君は中宗（チュンジョン）として即位した。彼がもし早とちりして命を絶っていたら、朝鮮王朝の歴史は大きく変わっていただろう。そういう意味でも、妻の機転が利いた対応は文句なしだった。その妻は、中宗の即位にともなって端敬王后になった。

ところが、である。

燕山君を廃位させるクーデターに成功した高官たちは、即位したばかりの中宗に、なんと、「王妃を離縁してほしい」と主張してきた。

中宗もすぐに拒否すれば良かったのだが、それができにくい事情があった。端敬王后の身内に燕山君の関係者が多かったからだ。父親は燕山君の側近であり、燕山君の妻も端敬王后の叔母だった。高官たちは、燕山君一派の残党が端敬王后を取り込んで復讐を企てることを極度に警戒した。そのことが端敬王后が嫌われた根拠になっていたが、彼女に子供がいなかったことも分が悪かった。

仮に、端敬王后に息子がいたなら、中宗の即位にともなって世子になっているはずだ。いくら強硬な高官たちも、世子の実母を廃妃にさせるというのは絶対にできないことだ。しかし、端敬王后には息子も娘もいなかったので、廃妃を防ぐ根拠が弱かった。それゆえ、国王になったばかりの中宗も廃妃を主張する高官たちに押し切られてしまったのだ。

こうしてわずか7日だけ王妃だった端敬王后は、寂しく王宮を去らなければならなくなった。実家に戻っても、すでに両親はいなかった。クーデターのときに真っ先に死んでいるからだった。端敬王后の絶望感は途方もなかったことだろう。

中宗もショックが大きかった。彼は国王になったことで愛する妻を離縁せざるを得なかった。極度に落ち込み、端敬王后への未練を捨てきれなかった。

そこで彼は王宮の中で一番高い楼閣に上がり、妻がいる実家の方向ばかりを見ていた。

そして、深いため息をもらすのであった。国王のそんな落胆ぶりが市中でも噂になった。それは端敬王后の耳にも届いた。

するとΓ彼女は結婚しているときによく着ていた赤いチマ（スカート）を家の裏にある岩山に置くようになった。特に目立つところに置いたので、中宗もそれを見つけることができた。

こうして端敬王后は「自分が元気に暮らしています」ということを中宗に伝えたのである。この逸話が「赤いチマ岩の伝説」である。

それにしても、端敬王后は自らの不運をただ嘆くだけでなく、中宗の落胆を察して優しい心遣いを見せていた。

とはいえ、時間の流れというのは残酷である。

最初こそ、中宗も端敬王后を気遣って様々な経済的な援助を続けていたが、時が経つにつれて状況が変わってしまった。後に中宗は再婚もして王宮に慣れきってしまい、かつて妻だった端敬王后への追慕もなくなってしまった。

辛い現実ではあったが、端敬王后は「人の世の儚《はかな》さ」を感じながら、その後の余生を過ごさなければならなかった。

中宗が市中の遠くを望むために通った楼閣が慶会楼（キョンフェル）と推定される

王妃が暮らした交泰殿（キョテジョン）

11 大妃の罠にかかった不敬罪の元王妃!

朝鮮王朝の王妃の中で最初に廃妃になったのは、9代王・成宗(ソンジョン)の二番目の妻となった尹氏(ユンシ)である。彼女は1482年に死罪を命じられてしまい、毒を飲んで息絶えた。このとき、成宗は「今後100年間は尹氏のことを語ってはならない」と王命を出した。息子の燕山君(ヨンサングン)はまだ6歳だったので、母が亡くなったいきさつを知らなかった。しかし、燕山君が1494年に即位した後、出世に目がくらんだ官僚が成宗の命令に背いて、尹氏が死んだいきさつを燕山君にばらしてしまった。衝撃を受けた燕山君は、それから異常な性格を示すようになった。

とにかく、母の死罪に反対しなかった官僚たちを探し出して、ことごとく殺した。それは、最悪の官僚虐殺事件になってしまい、燕山君の非道さが王朝を震撼させた。

こうした出来事のそもそものきっかけは何だったのだろうか。尹氏が廃妃および死罪になった経緯をイラストで解説しよう。

１４７４年に成宗（ソンジョン）の正室が亡くなったので、彼が寵愛していた側室が王妃に昇格した。それが尹（ユン）氏だ。

新しい王妃は
そなたしかいない

成宗の母親の仁粋（インス）大妃は女帝のように絶大な権限を持っていたが、尹氏と不仲になってしまった。それでも、尹氏は１４７６年に成宗の王子を産んだ。

王子が世子になれば、
私は国母になれる

尹氏はとても嫉妬深い性格で、
成宗の側室に敵対心を強く持ち、
呪い殺そうとして呪詛を仕掛けた。

呪詛が発覚し尹氏は謹慎処分となった。
後に精神が錯乱していた彼女は
成宗の顔を激しく引っ掻いてしまった。

あの女を王宮から追い出せ。
顔も見たくない

結局、1479年に尹氏は廃妃になった。
実家に戻った尹氏は反省して質素に暮らしていた。

3年後、尹氏が困窮していると聞いた成宗は身分を回復してあげようと思い、使者を尹氏の実家に送った。
使者は、彼女が反省して謹慎生活を送っているのを確認した。

殿下にご報告いたします。
いずれ良い知らせがくるでしょう

使者が王宮に戻ると、門の前で宮女が待っていて、そのまま仁粋大妃の前に連れていかれた。

仁粋大妃に恫喝されて使者は成宗に偽りの報告をした。激怒した成宗は尹氏を死罪にした。尹氏は女帝に抹殺されたのも同然だった。

12 男の魂が乗り移った王妃は果たして懐妊したのか

ドラマ『哲仁王后～俺がクイーン!?～』は、終盤になってからシン・ヘソンが演じている哲仁（チョリン）王后の出産問題が大きく取り上げられていた。

彼女の心の中には韓国大統領官邸のシェフの魂が入り込んでいるので、ドラマでは不思議な展開になっていくのだが、それでも哲仁王后には懐妊という朗報がもたらされた。そして、「母になる喜び」を感じながら彼女は胎教にしっかり励んでいった。

そうした場面を見るたびに微笑ましい気分になるのだが、実際の歴史でも哲仁王后はドラマのように懐妊したのだろうか。さらには、出産も経験していたのだろうか。

とても気になることなので、史実を調べてみよう。

哲仁王后は1837年に生まれて、1851年に王妃に選ばれて王宮に入った。そのときは14歳だった。

王妃になった哲仁王后は王宮で穏やかな日々を過ごし、身体的にも成長した19歳になったときに懐妊している。ドラマで描いた懐妊は事実だったのだ。

しかし、哲仁王后はそのときは流産してしまい、無事に出産に至ることはなかった。精神的なショックは大きかっただろうが、しばらくして再び哲仁王后は懐妊した。

その際にも彼女は様々な胎教に取り組んで心を落ち着かせて、今度は1858年に男子を産んだ。

待望久しい正室の王子出産である。王宮内は慶事に沸き、哲宗も喜びがひとしおだった。彼にとっても嫡男であり、その子は次の国王が約束された王子であった。

ところが、王子は長く生きることができず、生後6カ月で夭逝してしまった。哲仁王后の悲しみはあまりに深く、彼女は絶望的な気持ちを味わった。しかも、二度と出産することができなかった。

1863年に哲宗が亡くなったあと、哲仁王后は政治的な動きを見せず、静かに暮らした。

彼女が亡くなったのは1878年で41歳だった。人徳のある王妃だったので、王宮の誰もが心からその死を悼んだ。

第4章

怨みと裏切りと復讐の果てに何が起こったか

1 即位直後の英祖を危機に陥れた「李麟佐の乱」

ドラマ『ヘチ 王座への道』は終盤になって大事件が勃発する。大規模な反乱が起きたのである。

首謀者はコ・ジュウォンが演じている李麟佐（イ・インジャ）であった。

チョン・イルが演じる英祖（ヨンジョ）はまだ即位したばかりだった。それなのに、彼の王位を危うくする反乱が起きて、王宮が極度な緊張状態になった。

実際に、ドラマで描かれた反乱はどのように起こったのだろうか。史実と照らし合わせてみよう。

英祖が即位してから、先王の景宗（キョンジョン）を支持していた少論派の一部勢力は、すでに衰退していた南人派の過激分子と結託して、政権の転覆をはかった。

その際に、英祖が景宗を毒殺したという噂を広めて、広く民心を得ようとした。さらに、王族のミルプングン（密豊君）を新しい国王に推挙することで、反乱を正当化させようとした。

その際に中心的に動いていたのが李麟佐だったのだ（このように、『ヘチ 王座への道』で極端に悪役になっているミルプングンは実在の人物であり、王族として李麟佐に利用される存在であった）。

李麟佐が反乱を勃発させたのは1728年であり、彼は最初に清州（チョンジュ）の城を徹底的に攻めた。

清州は都から東南側に130キロ離れた都市だが、なぜ李麟佐が清州から反乱を始めたかというと、この土地をよく知っていて知り合いも多かったからだ。つまり、一番攻めやすいところから反乱をスタートさせたと言える。

もくろみどおり、李麟佐は清州城を攻め落とし、反乱軍は勢いを大いに増した。調子に乗った李麟佐は自らを「大元帥」と称し、「景宗様の復讐のための闘い」であることを強調した。

このように、景宗の弔い合戦であることを大義名分にして、わざわざ景宗の位牌を用意してひたすら拝み続けていた。

さらに、「義は我らにある」と檄を飛ばし、同志をどんどん増やした。このように、李麟佐は人心を掌握するのが巧みだった。

反乱が成功した際の褒美を高らかに掲げて、貧困にあえいでいた人たちもうまく兵力に吸収していった。そうやって勢いを得た李麟佐はついに都への進軍を開始した。

しかし、戦略性が乏しかった。

これでは持続する戦いで勝てない。李麟佐の軍は大義名分を大々的に示して都に向かって北上したが、待ち構えていた王朝軍に大敗を喫し、李麟佐は処刑されてしまった。

この事件は、歴史的に「李麟佐の乱」と称された。

英祖にとっては、即位後に見舞われた大ピンチであったが、なんとか鎮圧することで王位を守ることができた。

それからは、英祖も安定した政治運営を行うことが可能になった。いわば、「李麟佐の乱」を鎮圧できたことが王政を強める契機になったのである。

2　王朝の歴史を汚した悪党高官の罪状を告発する

朝鮮王朝の政治において国王に寄り添う高官は大変な影響力を持っていたが、その権力を使って悪事を働いたのが韓明澮（ハン・ミョンフェ）と尹元衡（ユン・ウォニョン）だ。彼らは自分の行った行為によって今でも悪評を受けている。本当に、どうしようもない悪党であった。順に「何をやったのか」を見ていこう。

まずは韓明澮から。

7代王・世祖（セジョ）は甥の端宗（タンジョン）から1455年に王座を奪った国王として知られるが、そんな彼の参謀だったのが韓明澮だ。とにかく狡猾な策略家であり、端宗の忠臣たちを次々に殺害している。その上で、最終的に端宗を死罪にさせて、世祖の敵対勢力を滅ぼした。

その世祖が1468年に世を去ると、韓明澮は絶大な権力を独占して政治を徹底的に堕落させた。

こうなると、国王以上の独裁者と同じだ。

さらに、韓明澮は自分の娘を立て続けに国王に嫁がせた。つまり、彼は8代王・睿宗（イェジョン）と9代王・成宗（ソンジョン）の岳父になっているのだ。このように王室を私物化して王朝の正統性を歪めている。

次に尹元衡について。

尹元衡の実姉は11代王・中宗（チュンジョン）の三番目の王妃になった文定（ムンジョン）王后である。

そんな姉の威光を利用して王宮の要職に就くと、職権を悪用して捏造事件をたくさん起こし、気に入らない高官たちを粛清した。

また、悪女で有名な鄭蘭貞（チョン・ナンジョン）と結婚し、夫婦で賄賂政治を横行させて巨万の富を築いた。しかし、1565年に文定王后が死ぬと、立場が一転してしまった。自分がいかに怨まれているかを自覚して、王宮から逃亡して地方で鄭蘭貞と一緒に隠遁生活に入った。ビクビクしながら暮らしたが、結局は2人とも自害してしまった。文定王后という最大の後ろ盾を失った瞬間、尹元衡も「生きていてはいけない人間」にならざるを得なかったのだ。

3 綾陽君は弟を殺された復讐のために反乱を狙った

ドラマ『ノクドゥ伝～花に降る月明り～』の後半になって人物像がガラリと変わったのが、カン・テオの演じているユルムこと綾陽君（ヌンヤングン）である。

物語の序盤では優雅な若様に扮していた綾陽君だが、後半に入ると正体がバレバレになっている。その中で、狡猾に人をだましていく綾陽君は、まさに「やりたい放題」という有様だった。それもすべて、光海君（クァンヘグン）を王座から引きずり降ろして自分が国王になりたいという野心が強すぎるからだ。

史実でも綾陽君はそんなにひどい王族だったのか。

彼が生まれたのは1595年。光海君は1575年に誕生しているので、綾陽君が光海君より20歳も年下だ。

綾陽君の父は、14代王・宣祖（ソンジョ）の息子であった定遠君（チョンウォングン）である。

この定遠君は、宣祖の側室であった仁嬪（インビン）・金氏（キムシ）から生まれていた。つまり、庶子だったのである。

なお、綾陽君が後に16代王・仁祖（インジョ）として即位したときに、父親の定遠君は追尊されて元宗（ウォンジョン）となり、綾陽君の母親は仁献（イノン）王后になっている。要するに、息子が国王になったので、その両親も国王と王妃の待遇を得たのだ。

とはいえ、国王になる前の綾陽君には悲しい過去があった。それは、最愛の弟であった綾昌君（ヌンチャングン）が殺された出来事だった。殺害を命じたのは光海君だった。果たして、綾昌君にはどんな罪があったのだろうか。

実は、1615年に光海君政権の転覆を画策した謀反が起こり、その際に次代の国王として謀反一派が推挙していたのが綾昌君だった。この謀反は失敗に終わり、責任を取らされる形で綾昌君は殺された。

このことに兄の綾陽君は憤慨し、彼は光海君に強い復讐心を抱くようになり、クーデターを狙った。

そして、1623年に綾陽君は光海君を憎む人たちを集めて決起し、ついに光海君を廃位に追い込んだのだ。

王宮を守った兵士たちの行進が現在も再現されている

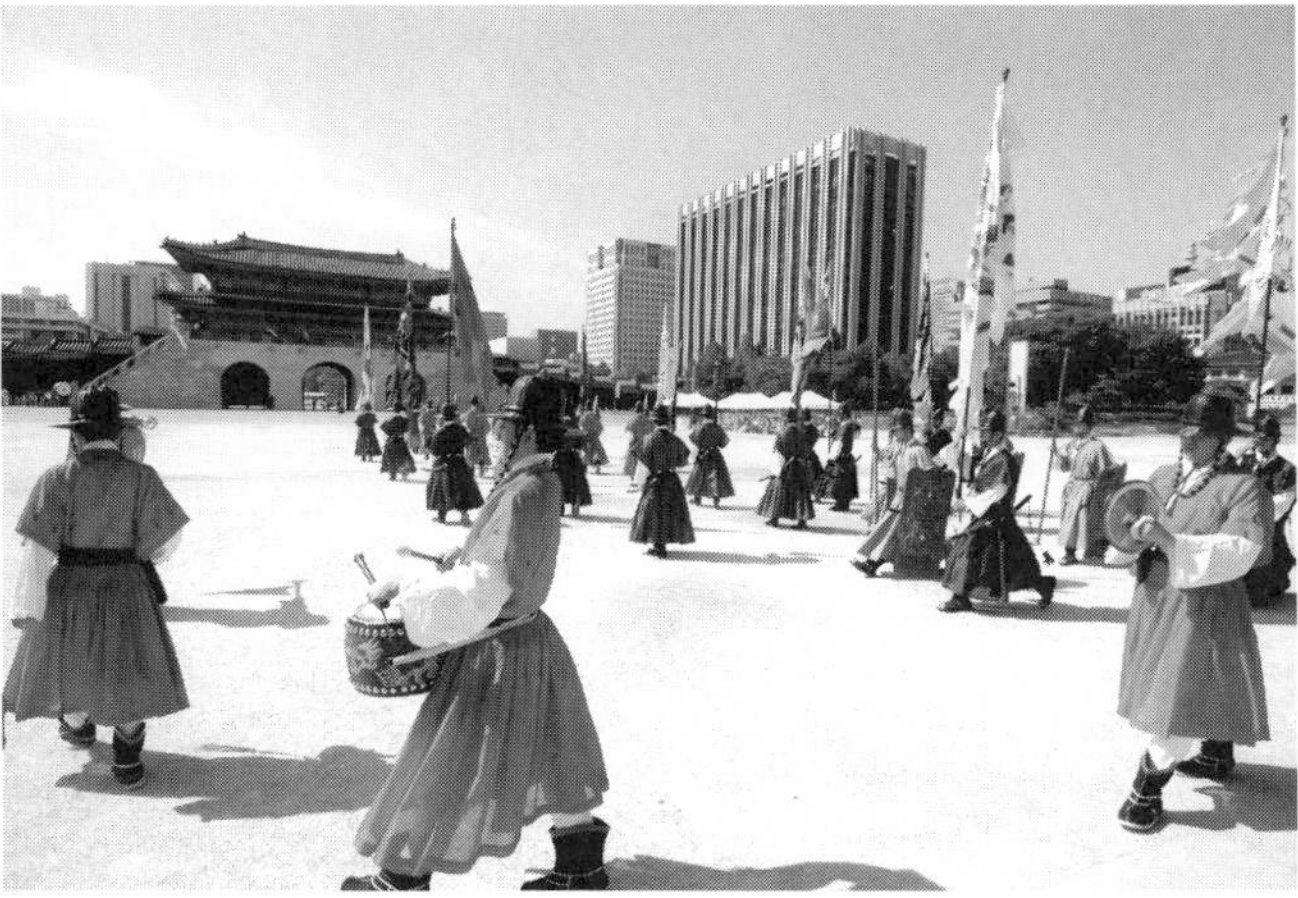

王宮を護衛した兵士たちは頼もしい存在だった

4　父王が世子を毒殺した根拠はどこにある？

16代王・仁祖は統率力を発揮してクーデターを成功させ、光海君から王位を奪った。そこまでは有能だったが、国王になってから失政が続いた。

さらに、北方を支配していた後金を蔑《さげす》む態度を変えなかったので、後金が激怒した。1636年12月、後金から国号を清と変えていた強国は、大軍で朝鮮半島に攻めてきた。圧倒的な軍事力に対抗できず、仁祖は清の皇帝の前で屈辱的な謝罪を強いられた。それはあまりに情けない国王の姿だった。それだけでは済まなかった。清は朝鮮王朝に対して莫大な賠償金と多くの人質を要求した。その人質として指名されたのが仁祖の長男・昭顕世子（ソヒョンセジャ）、二男・鳳林大君（ポンニムデグン）だった。2人は外国での人質生活を余儀なくされた。

昭顕世子は清で先進国の技術や文化に心を震わせた。西洋人とも交流を持った。一方、鳳林大君は清への恨みを忘れなかった。

清での2人の生活態度は仁祖にも報告された。そのとき、仁祖は憎き清と友好を深める昭顕世子に激怒していた。

　1645年、昭顕世子と鳳林大君が人質生活から解放されて母国に帰ってきた。それなのに、仁祖は昭顕世子に対してそっけない態度を見せた。さらに、昭顕世子が帰国の際に持ち込んだ製品や書籍を見せると、仁祖はどなり散らした。父の剣幕に驚いた昭顕世子は、まもなく原因不明のまま急死した。遺体は、黒ずんで腫れあがっていたという。明らかに毒殺された痕跡があった。それなのに、主治医はまったく処罰されなかった。通常、王族が命を落としたら主治医が処分を受けるのが当然だったのに……。加えて、仁祖は異様な態度を見せた。昭顕世子の葬儀を簡素に済ませたのである。世子の身分をあまりに軽視したのだ。

　仁祖の対応を見ると、彼が昭顕世子を毒殺した疑いがきわめて濃い。清を礼賛した昭顕世子はそれだけの理由で父王から命を奪われてしまったのか。

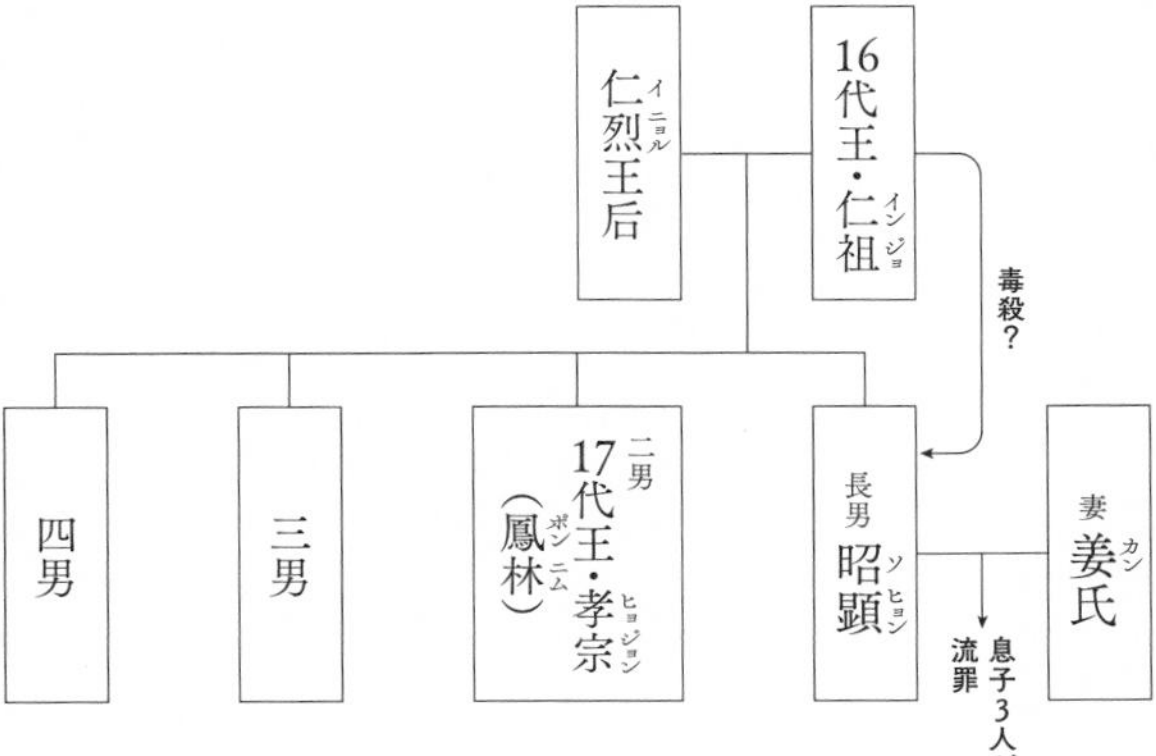

16代王・仁祖《インジョ》
仁烈《イニョル》王后
毒殺？
妻
姜《カン》氏
長男
昭顕《ソヒョン》
息子3人が流罪
二男
17代王・孝宗《ヒョジョン》
（鳳林《ポンニム》）
三男
四男

5 国王毒殺未遂のアワビ事件は明らかに捏造された

朝鮮王朝の歴史を見ていくと、国王が毒殺されそうになった、という事件はかなり起こっている。

国王は絶対的な権力者であるだけに、政権を奪おうとする反逆者が毒殺を強行するのは珍しいことではなかった。

16代王の仁祖も「毒殺を仕掛けられた」と言われる事件が起こっている。それは1646年1月のことであった。仁祖の食膳に焼いたアワビが載ったが、それを毒味してみると、毒が盛られていた。すぐに王宮の中が大騒動になった。

疑われたのが姜氏（カンシ）であった。彼女は昭顕世子の妻であったが、夫は1645年に急死している。

しかし、王位を奪われることを恐れた父親の仁祖が昭顕世子を毒殺したのではないか、という噂が立っていた。

つまり、姜氏には恨みを晴らすという動機があったのだ。こうして姜氏は容疑者に仕立てられてしまった。

しかし、王宮の中では「毒殺事件を捏造したのは趙氏（チョシ）ではないか」と疑われるようになった。趙氏というのは仁祖の側室であり、評判の悪い女性だった。

そもそも、監視されていた姜氏が国王の食膳に毒を盛るのは不可能だと見られていた。それなのに容疑者にされた姜氏は、趙氏と極端に不仲だった。敵対する姜氏に罪を着せるために趙氏が陰謀をたくらんだ、というのが多くの人の意見だった。

実際、仁祖に寵愛されていた趙氏はなんでもできる立場でもあった。結局、趙氏は姜氏の女官を拷問して、偽りの毒殺を自白させた。その末に、姜氏は仁祖の命令で死罪になってしまった。

それだけではない。姜氏の兄弟たちは処刑され、息子3人は島流しになった。しかも、息子のうち2人は不自然な形で絶命した。

なんという理不尽なことなのか。昭顕世子の一家は完全に滅ぼされてしまったのだ。こうして、仁祖は側室の趙氏と結託して国王にあるまじき非道な悪事に手を染めた、と推定されている。

6 イ・サンに露骨に反逆した急先鋒が意外だった

ドラマ『赤い袖先』を見ていると、イ・サンに敵対する勢力の代表としてホン・ジョンヨという高官が登場する。俳優のチョ・ヒボンが演じている。

このホン・ジョンヨは字（あざな／名を成した男性の別名）であり、本名は洪麟漢（ホン・イナン）という。左議政（チャイジョン／現代でいえば副総理）を務めた高官であった。

彼はイ・サンの母である恵慶君（ヘギョングン）の父・洪鳳漢（ホン・ボンハン）の弟だ。つまり、イ・サンの大叔父に当たる立場の人なのである。それなのに、なぜ洪麟漢はイ・サンに歯向かったのか。それは、彼が老論派の重鎮としてイ・サンの即位を阻止しなければならない立場であったからだ。そんな洪麟漢が英祖（ヨンジョ）の前で、世孫であるイ・サンを強く非難したのは1775年11月20日のことだった。この日、英祖は重臣たちにこう言った。

「まだ若すぎる世孫であるが、老論について知っているだろうか。少論について知っているだろうか。国の政治というものを知っているだろうか。兵曹判書（ピョンジョパンソ／軍事を扱う役所の長官）や吏曹判書（イジョパンソ／官吏を統括する役所の長官）を誰にまかせればいいかを知っているだろうか。余は、若すぎる世孫にもそれらをわからせてあげたいのだ」

ここまで言ったあと、英祖はイ・サンに代理聴政（テリジョンジョン／摂政のこと）をさせたいという意向を示した。

それに対して、強硬に反対したのが洪麟漢であった。

朝鮮王朝の正史『朝鮮王朝実録』によると、洪麟漢は英祖の前で次のように断言している。

「東宮は老論や少論のことを知る必要がありません。吏曹判書と兵曹判書についても知らなくていいし、さらには朝廷のことも知る必要がありません」

臣下でありながら、なんと強気な発言であろうか。

この言葉は歴史的にとても有名だ。臣下がイ・サンを公然と批判したのだから……。『赤い袖先』にも登場する言葉なので、ぜひ注目しておこう。いずれにしても、洪麟漢は完全にイ・サン反対派の総大将になっていた。

7 「名君」世宗の妻はどんな地獄を味わったのか

4代王・世宗（セジョン）は、実は子供が大変多い国王だった。その数は22人。朝鮮王朝の27人の国王の中で、子供の多さは四番目だった。

しかも、世宗の場合は、側室が12人の子供を産んでいるのに対し、正室からは10人も生まれていた。

側室は10人前後と数が多かったから12人の子供が生まれても不思議はないが、正室はたった1人なのに10人の子供が生まれるというのは並大抵のことではない。

その正室というのが昭憲（ソホン）王后であった。彼女が3代王・太宗（テジョン）の三男だった世宗と結婚したのは13歳のときだ。

そして、世宗が1418年に4代王に即位したことにより、妻も昭憲王后という王妃になった。

彼女はおとなしくて優しい性格だったので、王宮の中でも評判が良かった。しかし、彼女の実家は大変な目に遭ってしまった。

というのは、太宗がまだ上王として実権をもっていて、国王の外戚を極度に警戒したからだ。

結局、昭憲王后の兄弟たちは出世するにしたがって太宗に目をつけられ、最終的には、謀反の疑いをかけられて死罪になってしまった。

それだけではない。昭憲王后の母親が奴婢《ぬひ》に格下げとなり、昭憲王后自身も廃妃の危機に立たされた。

すべて太宗という恐ろしい権力者に嫌われた結果だった。それでも、太宗は昭憲王后の廃妃を最後のところで思いとどまった。

彼女が10人の子供を産んだことを評価したからだ。かろうじて昭憲王后は廃妃にならずに済んだ。

彼女は世宗と仲良く夫婦を全うして1446年に51歳でこの世を去った。

実家の没落という悲しい運命を背負ってしまったが、名君となった夫を支えたことは誇りだった。

8 「嫉妬深い」だけで国王が王妃を離縁できるのか

朝鮮王朝時代の女性たちを苦しめたのが男尊女卑であった。

朝鮮王朝は身分の違いを容認する儒教を国教にしていたので、男尊女卑の風潮がとても強かった。

特に、女性が強いられたのが「三従之道」だ。これは「幼少期には父母への従順さを要求し、結婚に際しては夫への服従を課し、晩年には息子への服従を求める」という儒教的な道徳観を指すものであった。

さらに、朝鮮王朝時代の女性を圧迫したのが「七去之悪」という厳格な掟だった。

これは、夫が妻を強制的に離縁できるという7つの条件を示したものだ。

その7つとは果たして何か?

それは、「両親への奉仕が足りない」「男子を産まなかった」「道徳に反する行為をした」「人々を騙して対人関係を悪化させた」「身体が虚弱である」「話しすぎる(不和を引き起こす)」「嫉妬心が強すぎる」である。

本当に理不尽と言える条件だ。

特に、「嫉妬深い」という理由は、男性が妾を持つことを許容できない妻を狙い撃ちにした。哀れな妻は単にその嫉妬心を責められ、離縁の対象とされてしまったのだ。

このような掟が存在し、女性たちに再婚の自由さえ認めなかった朝鮮王朝では、女性たちはその生涯を夫の言葉に従うことで過ごすしかなかった。それでも離縁されることがあったのだ。

このように男尊女卑の理不尽さは、王族の女性であっても例外ではなかった。19代王・粛宗(スクチョン)の正妻であった仁顕(イニョン)王后は、何の過失もないのに1689年に粛宗の訴えにより廃妃となってしまった。その理由とは、「王妃はあまりにも嫉妬深い」というものだった。

その結果、仁顕王后を追い出して王妃の座を空けた粛宗は、そこに張禧嬪(チャン・ヒビン)を座らせた。

それが粛宗の狙いだったのだ。本当にわがままな国王であった。実際、王妃までもが犠牲となった事実を見ると、「七去之悪」はまさしく最悪の掟と言えるかもしれない。

第5章

悲劇の連鎖で哀しみは終わらない！

1　大王が妻の実家を滅ぼしたのはやりすぎだった

朝鮮王朝の初代王・太祖（テジョ）の五男として生まれた李芳遠（イ・バンウォン）は、異母弟たちを殺して権力を掌握し、1400年に3代王・太宗（テジョン）として即位した。その陰には、妻である元敬（ウォンギョン）王后の支えがあった。

太宗は1382年に元敬王后と結婚したのだが、権力闘争の最中には、妻が政敵の急襲をいち早く知らせるなど夫をしっかり助けた。このように、とても頼りになる妻だった元敬王后なのだが、夫が即位した後は冷遇され、なんと実家が夫によって滅ぼされてしまった。

太宗がそうした理由は、外戚を排除して王朝を長く存続させるためだった。しかし、元敬王后は絶対に夫を許せなかった。その結果、太宗と元敬王后の夫婦仲は完全に冷え切ってしまった。

確かに、元敬王后の支えによって太宗は国王になることができたのだが、彼からすれば、妻の実家も危険な勢力の一つだったのである。その標的となったのが元敬王后の兄弟たちだった。

元敬王后の2人の兄と2人の弟は罪を捏造された上に処刑されてしまった。彼女は夫を激しく怨んだ。すると、太宗の側近たちから元敬王后の廃妃を望む声があがった。

「王妃に対し冷酷な態度を取ってきた主上(チュサン/国王)のことだから、廃妃にするに違いない」

周りの人々はそう思っていた。しかし、太宗は元敬王后を廃妃にしなかった。いくら冷酷な国王でも、自分を国王にさせてくれた妻を離縁することまでは考えていなかった。とはいえ、実家を滅亡させられた元敬王后の傷が癒えるわけではなかった。

そんな寂しい晩年を過ごしていた彼女の唯一の救いは、1418年に三男の忠寧(チュンニョン)が4代王・世宗(セジョン)として即位したことである。それを見届けたうえで、元敬王后は1420年に亡くなった。

享年は55歳であった。

彼女は悲しい運命を背負ったが、歴史的に史上最高の聖君となった世宗の母として尊敬を集めた。

2 最高の芸術家だった天才王子の理不尽な最期！

朝鮮王朝の王家にとって一番大事なことは、早く国王の後継ぎを決めることだった。そのために、世子（セジャ）を10歳くらいで結婚させると、肉体的に成熟したら側室を持たせて、子供をたくさん作らせた。

特に、朝鮮王朝の前半にはその傾向が強く、国王になると側室を10人ほど抱えて子供を増やした。2代王・定宗（チョンジョン）は23人、3代王・太宗は29人、4代王・世宗は22人、というように子だくさんの国王が誕生したのだ。

とはいえ、国王の正式な後継者となる世子が確定すると、他の王子には出番がなくなった。もし世子が早世したら代わりの世子をすぐに決めなければならないが、そうでなければ、他の王子は「御役御免」なのである。

こうなると、世子以外の王子は逆に目立ってはいけなかった。王子として政治に介入すると後継者選びで骨肉の争いが起きかねないので、むしろ政治以外で活路を見つけることが王子の必須と言われていた。そういうこともあって、世子からはずれた王子には芸術が推奨された。風流の世界で真価を発揮してくれ、というわけだ。しかし、現実はうまくいかなかった。風流の世界で一流の実績を残した人があまりいなかった。それより、酒と女に溺れていく世俗的な王子が多かった。極端に甘やかされて育っただけに、それも仕方がなかった。

しかし、王子の中には天才的な芸術家として高い評価を受けた王子もいた。それが、世宗の三男だった安平（アンピョン）大君だ。彼は幼いときから才能が抜群で、大人顔負けの能力を発揮した。そして、成人してからは、詩、書、画の三部門で優れた作品を作り、「三絶」と言われた。これは、「三つの芸術で絶対的に優れている」という意味である。

ここまで称賛された王子は、彼の他にいなかった。特に安平大君の書風は、朝鮮王朝前期に大流行するほどで、みんながこぞって安平大君の書を真似て筆を動かしたという。これほどの芸術家であったが、人生の終わりは無惨だった。

彼は兄の首陽大君（スヤンデグン／後の世祖〔セジョ〕）が甥から王位を奪ったことに憤慨して、徹底的に兄に反抗したが、最後は死罪にされてしまった。「芸術の天才」は政治的な策略の中で非業の死を遂げたのだ。

3 離縁された端敬王后は再び中宗に会えたのか

1506年、廃妃になった端敬（タンギョン）王后は失意の中で王宮を去っていった。

その後、中宗は再婚した。相手は章敬（チャンギョン）王后だった。しかし、1515年、章敬王后は中宗の長男を出産した直後に危篤となり、そのまま亡くなってしまった。本当に悲しい出来事だった。

とはいえ、国王が独身でいるわけにはいかない。すぐに次の王妃選びが緊急の課題となった。

このとき、王宮の官僚たちの間で、「かつての端敬王后に再び王妃になっていただいたらどうか」という意見が出てきた。

中宗にも異論がなかった。

1506年には愛しあいながら別れざるを得なかったのに、その9年後にヨリを戻すチャンスを得られたのだ。

「果たして端敬王后が王宮に帰ってきてくださるのか」

そういう話題が王宮を賑わせることになった。王妃復帰説が有力になる一方だったのに、またもや強硬な反対意見が出た。

それは、9年前に端敬王后を追い出した高官たちだった。

彼らがまだ権力的に力を持っていて、結局は王妃復帰説を否定してしまった。その末に文定（ムンジョン）王后が中宗の三番目の正室に選ばれた。

それは悪夢であった。文定王后は極端な悪女であり、朝鮮王朝を混乱させた元凶だったからである。

再婚に失敗した中宗は、1544年に病状が悪化して重体になった。侍医たちが必死に治療に当たったが、中宗の病状は一向に改善しなかった。

この段階になって、中宗のそばに仕えていた高官たちは重大な決断を強いられた。なぜなら、廃妃になって38年も経過している端敬王后が、中宗に一目会いたいという切実な思いを持って王宮の門のところに駆けつけてきたからだ。

中宗の病が重いことを聞いた彼女としては、最後に会える機会だと悟って必死の思いでやってきた。

この事実はきちんと『朝鮮王朝実録』に記載されている。

しかし、端敬王后が実際に中宗に会えた、という話は伝わってこない。もはや一般の女性であることに変わりはない……それによって、端敬王后の面会は許可されなかったものと思われる。

どんなに悲しい思いで端敬王后はかつての夫を見送ったのか。中宗が世を去ってから13年後の1557年、端敬王后は70歳で永眠した。

彼女はわずか7日間だけ王妃としての地位にあった。それ以降の51年間は、「廃妃」として孤独な生活を送ったのである。

4　王位争奪戦の行方はついに辛い結末を迎えた

早世した男子を除けば粛宗の息子として知られるのは3人である。仮に3兄弟と呼べば、長男は張禧嬪が1688年に産んだ世子。二男は淑嬪・崔氏が1694年に産んだ延礽君（ヨニングン）。そして、三男が側室の榠嬪（ミョンビン）・朴氏（パクシ）が1699年に産んだ延齢君（ヨンニョングン）だ。

この中で、延齢君は粛宗が晩年に溺愛した息子だ。頭脳明晰でとても孝行息子であった。粛宗の本心を言うと、彼は延齢君に王位を継いでもらいたいという望みを持っていた。実際、側近には秘かに「延齢君に世子を交代させる」という気持ちを伝えている。それを実現させるために粛宗は手の込んだ戦略を考えていた。それは、「世子に代理で政治をまかせて、揚げ足を取って失格の烙印を押す」というものだった。

ここまで段取りを考えた末に、粛宗は延齢君を世子にする流れを作っていった。哀れなのは、長男の世子である。

母の張禧嬪が死罪になったあとに必死になって帝王学を学んで王位に就く準備をしていたというのに、当の粛宗から見放されていた。彼の次期王位はまさに「風前の灯火」だった。

しかし、世の中はどう激変するかわからない。そろそろ世子を変える段取りに移ろうとしたとき、粛宗の体調が急に悪くなってしまった。そういう状況では、世子を変えることが簡単にできない。

さらなる衝撃的な出来事が起こった。

なんと、延齢君が1719年に突然亡くなったのである。享年20歳。あまりに急な死であった。

粛宗の精神的な痛手があまりに大きすぎた。1720年、彼は立ち直れないまま59歳で亡くなった。

結局、世子が20代王・景宗（キョンジョン）として32歳で王位に就いた。

5 イ・サンの妻は「聖女」と呼ばれた人格者だった

ドラマ『赤い袖先』で感心したのは、世孫（セソン／国王の正式な後継者となる孫）から国王になっていく過程が時系列に応じて重厚に扱われていたことだ。

たとえば、世孫時代のイ・サン（正祖）は反対勢力から「世孫は政治的に重要な問題を知らなくてもいい」と見下された部分があったのだが、その当時の出来事も『赤い袖先』は丁寧に描いていた。

また、英祖が世孫に英才教育をして即位に導いた経緯、叔母の和緩（ファワン）翁主（オンジュ）との確執、王宮に奉職する宮女たちの人生などが丹念に描写されていて、『赤い袖先』は歴史エピソードをたくさん織り込んで作られていた。

その一方で、『赤い袖先』が描かなかった史実というものも存在する。その最たる例が、イ・サンの正室であった孝懿（ヒョイ）王后の扱いである。ドラマの中で彼女は登場人物としてキャスティングされておらず、他のキャラクターのセリフの中にわずかに出てくるだけである。それゆえ、イ・サンは結婚しなかった、という印象を視聴者に与える部分もあったほどだ。

さらに、ヒロインのソン・ドギム（成徳任）がイ・サンの承恩（宮女が国王と一夜を共にすること）を受けなかった理由を歴史的に取り上げることもしなかった。つまり、「承恩の拒否」はドラマにおいて自立した宮女の意志として説明されていたのだ。

しかし、実際の歴史はどうであったのか。わかりやすく言えば、ソン・ドギムが承恩を受けなかったのは、ひとえに孝懿王后を気遣っていたからである。

その背景について解説してみよう。

孝懿王后は1753年に生まれた。ソン・ドギムと同じ歳であった。

彼女は9歳のとき、世孫であったイ・サンの妻となり、彼の即位にともなって1776年に23歳で王妃となった。

大変な人格者であり、王宮の中でとても評判が良かった。それだけに、多くの人に慕われたが、とりわけソン・ドギムは孝懿王后を心から尊敬していた。

しかし、孝懿王后はイ・サンとの間で子供を産むことができなかった。そのことをソン・ドギムもかなり気にしていて、彼女が承恩を二度にわたって拒否したのも、「孝懿王后に子

年配の王族女性が暮らした慈慶殿（チャギョンジョン）

慈慶殿の近くには王族の長寿を願う壁画が飾られていた

供がいないのに私が国王に寄り添うことはできません」という理由であった。

宮女の立場として国王の承恩を受けないと死罪を覚悟しなければならないのだが、そこまでソン・ドギムが思い詰めたのは、子供がいない孝懿王后に徹底的に配慮したからであった。

そこまで、ソン・ドギムは孝懿王后に尽くした女性であったのだが、そのあたりは『赤い袖先』では描かれていなかった。

逆に言えば、もし孝懿王后の存在が『赤い袖先』のストーリーに絡んでいたら、「国王をめぐる三角関係」が重要なテーマにならざるを得なかっただろう。しかし、『赤い袖先』はあくまでもイ・サンと自立した宮女との究極的な愛を描くドラマであり、制作側も「三角関係」にスポットを当てたくなかったのかもしれない。その上で、『赤い袖先』では歴史的な題材を巧みに選んでイ・サンとソン・ドギムの人生を集中的に描いていく方向に持っていったと思われる。

その意図は十分に成功していた。

『赤い袖先』は名君と宮女の運命的な愛が最後まで純粋に描かれたことで、多くの視聴者の圧倒的な感動を呼んだのである。

6　政略の末に側室となった哀れな元嬪はどうなった？

ドラマ『イ・サン』では、イ・ソジンが演じたイ・サンが即位した後、ハン・サンジンが扮した洪国栄（ホン・グギョン）が絶大な権力を握るようになった。その象徴が自分の妹をイ・サンの側室に送り込むことだった。それが元嬪（ウォンビン）であり、チ・ソンウォンが扮していた。

ドラマの中で元嬪は、性格がとても良かった孝懿王后に逆らってばかりいて、人間的に悪意があるような女性として描かれていた。果たして、実際はどうだったのか。史実を通して元嬪の人物像をさぐってみよう。

彼女は、歴史的に元嬪・洪氏（ホンシ）と称されている。生まれたのは1766年で、洪国栄の妹である。

普通、国王の側室となると、様々な手続きを経て慎重に選ばれるのだが、元嬪・洪氏の場合はまったく異例で、通常の手続きを経ないでストレートに側室になっている。

これは、洪国栄の威光があったからだ。

彼女は実家の家柄がとても良かった。14代王・宣祖（ソンジョ）の娘としてあまりに有名な貞明（チョンミョン）公主（コンジュ）の夫の直系子孫であった。貞明公主は時代劇『華政（ファジョン）』の主人公になった女性で朝鮮王朝史の中では「最も裕福だった王女」と言われている。広大な土地を所有していたからだ。

そんな王女の夫の子孫であった元嬪・洪氏は、イ・サンの母親だった恵慶宮（ヘギョングン）とも親戚関係にあった。

これだけの恵まれた家系を持っていたので、元嬪・洪氏は大変な好待遇で王宮に入って12歳でイ・サンの側室になった。

孝懿王后には子供がいなかったので、元嬪・洪氏はイ・サンの後継ぎを産むことが大いに期待された。

兄の洪国栄も国王の外戚になることが最大の野望であった。しかし、からだが丈夫でなかったこともあり、元嬪・洪氏は1779年に亡くなってしまった。満年齢ではまだ13歳にもなっていなかったという。あまりに短い生涯であった。

7 光海君が糾弾された理由は果たして正当？

15代王・光海君（クァンヘグン）は、韓国時代劇によく登場する国王だ。1623年に彼は仁祖（インジョ）によってクーデターを起こされて王宮から追放されている。それゆえ、暴君だったという悪評も多かったのだが、その後の歴史研究で「むしろ政治的には名君だった」という評価に変わってきた。

ところが、クーデターを起こしたときの仁祖はひたすら光海君を非難したという事実が残る。特に数多くの悪政を指摘していたが、それは果たして真実だったのだろうか。それを検証してみよう。

一つ目。熾烈な王位継承争いの渦中にあって、光海君は兄弟たちを殺害したという道義的非難の対象となった。

しかし、光海君に限ったことではなく、歴史の深淵を探れば、3代王・太宗（テジョン）と7代王・世祖（セジョ）もまた、王位を巡る激しい競争の中で兄弟の命を奪っている。これらの先王たちは罪に問われることがなかった。それゆえ、光海君の行為もやむを得ない側面があったと見るべきだ。

二つ目。光海君の治世下、数多くの土木工事が行われ、民衆の負担が増大したという非難が存在する。しかしながら、朝鮮出兵によって荒廃した国土を復興する必要があり、加えて、王宮の損傷も甚大であったため、建て直しが避けられなかった。

三つ目。光海君が恩義のある明に対して背信行為を働いたという重大な非難も浮上している。しかし、これは真実とは異なる。当時、中国大陸では明から後金（後の清）へと勢力が転換しており、光海君が最も恐れたのは後金からの侵攻であった。光海君は朝鮮王朝の存続を願い、外交を駆使した結果、彼の統治時代には後金の攻撃を防ぐことに成功している。

結論として、仁祖がクーデターを正当化するために、光海君を暴君として描き出す試みがあったことは明白である。むしろ、光海君に対する評価は、歴史の中で様々な側面から見直されるべきだ。実際、光海君は税制度を改めて土地を持たない人たちの税負担を軽減させようとした。そういう意味で、政治的に名君だと言えるかもしれない。

8 悲しみの妻を誰がなぐさめてくれるのか

通常、国王の妻となる王妃は、亡くなったあとに諡《おくりな》(死後の尊号)によって後世で呼ばれるのだが、光海君の妻は「廃妃(ペビ)・柳氏(ユシ)」としか言われない。夫が廃位になったことにより、妻も諡をもらえなかったからだ。その点では、歴史上で不幸な王妃であったと言わざるを得ない。

それでは、生前の柳氏はどのように生きていたのか。

彼女にとって大変だったのは、自分より8歳も若い女性が義母になったことだった。それは、光海君の父であった14代王・宣祖(ソンジョ)が再婚したからだ。実際、宣祖は正妻の懿仁(ウィイン)王后が子供を産まないまま1600年に亡くなると、2年後には50歳でありながら18歳の仁穆(インモク)王后を次の王妃に迎えた。

宣祖の二男であった光海君に嫁いでいた柳氏はそのとき26歳で、8歳も下の姑が突然誕生して接し方に苦慮した。

不幸にも、柳氏と仁穆王后の相性は良くなかった。2人の不和は王宮で知らない人がいないほど深刻になっていった。

しかし、その不和に決着がつく日がやってきた。宣祖が1608年に世を去り、光海君が15代王として即位したからだ。

柳氏は王妃となり、夫の権威によって王宮で自在にふるまえるようになった。彼女は「我が世の春」を大いに満喫したことだろう。

しかし、1623年、反対勢力がクーデターを起こし、光海君は王位を追われた。ここから柳氏の没落が始まった。

光海君と柳氏は江華島（カンファド）に流罪となった。その途上の船の中で、柳氏は光海君に自決を迫った。

「生きて恥をさらすより、潔く死にましょう」

そう言い寄った柳氏。死を選ぶことで屈辱から逃れたかった。しかし、光海君は応じなかった。生に未練がありすぎたからだ。

なお、光海君の息子であった世子は30歳だった。彼も妻と一緒に江華島に流され、逃亡できないように厳しく監視されていた。それでも彼は、新しい国王となった仁祖（インジヨ）から王位を奪い返すつもりでいた。そのために、幽閉されている家からトンネルを掘って外部へ逃げようとした。

それはもう執念としか言いようがなかった。

彼は必死に穴を掘ったのだ。しかし、トンネルを作っていることが露見してしまい、世子は厳罰を受けることになった。

ついに世子は観念した。これ以上生きていけないことを悟って、彼は首をくって自害したのであった。

それは、世子嬪（セジャビン／世子の妻）も同様であった。彼女もまた首をくってしまった。

その知らせを受けて母親の廃妃・柳氏は絶望的な気持ちになった。彼女は世を怨みながら自害した。

このように、家族が悲劇的な死に方をしても、光海君は死を選ばず、屈辱にまみれながら必死に生き抜いた。

9 光海君は島流しの屈辱を必死に耐え抜いた

廃位となった光海君が最初に流されたのは都から近い江華島だったが、最終的には南海の孤島であった済州島（チェジュド）に移された。

当時の済州島は極悪人たちの流刑地であった。都からあまりに遠いので、都に帰ってくる望みもなかった。

それゆえ、光海君が実際に済州島に送られるとき、役人たちは船の周りに幕を張って、方向がわからないようにしてあった。

済州島に連れてこられた光海君。彼は島に着いたとき、初めて自分が本土から遠く離れた孤島に流されたことを知った。

「まさか、こんなところまで……」

光海君は本当に絶望した。

衝撃で崩れ落ちるほどだった。

「ご在位のときに悪い側近にだまされなければ、こんな遠くにまで来られることもなかったのですが……」

島の役人にそうなぐさめられても、それは後の祭であった。

すでに仁祖の統治は確定して、光海君が復帰できる可能性はまったくなかった。しかも、彼は済州島で先王としての威厳を保つことはできなかった。

ときには、役人から蔑《さげす》まれることもあったという。

それでも光海君は必死に耐えて生き抜いた。

光海君が没したのは1641年。享年66歳であった。27人いた国王の中では4番目に長寿であった。

国王の在位は15年、廃位になってからは18年。光海君は「元国王」の立場のほうが3年長かった。

そして、最期まで国王に復帰できるという望みを失わなかったのだが……。

第6章

史実を知るとドラマがもっと面白くなる

1 英祖に寵愛された側室の映嬪はどんな女性か

ドラマ『赤い袖先』の冒頭では、「映嬪（ヨンビン）・李氏（イシ）の死」が取り上げられていた。彼女はどういう存在だったのか。

まず、英祖（ヨンジョ）の正妻は貞聖（チョンソン）王后だったが、子供を産んでいない。それゆえ、英祖の最初の息子は、側室の靖嬪（チョンビン）・李氏（イシ）が産んだ孝章（ヒョジャン）だった。しかし、9歳で病死してしまった。その後、英祖の二男となる思悼世子（サドセジャ）を1735年に産んだ側室が、1696年に生まれた映嬪・李氏であった。

なお、ドラマ『イ・サン』の序盤を見た人は、「なぜ国王の英祖は後継ぎの思悼世子の命を奪ったのか。なぜ非情にも息子を米びつに閉じ込めて水も食べ物も与えなかったのか」と疑問に思うかもしれない。しかし、英祖は素行の悪さを理由に完全に思悼世子を見限っていた。その不信感は1762年、思悼世子に謀反の疑いがあるという告発がなされたときにピークに達してしまった。思悼世子を呼び出した英祖は厳しく叱責している。

「お前は本当に、側室を殺したり、宮中を抜け出して遊び歩いたりしているのか。世子なのに、どうしてそんなことができるのか」

「側近の者たちは余に何も知らせなかったが、もし告発者がいなかったら、余がどうやってそれを知ることができたのか。側室は余も気に入っていたのに、どうして殺したりしたのか。こんなことをしていて、国が滅びないとでも言えるのか」

　このように思悼世子を非難した英祖は、ついに1762年閏《うるう》5月13日になって、思悼世子を廃する決定を下した。思悼世子は謝罪したが、英祖は冷たく言い放った。

「自決せよ。今ここで自決するのだ。たったいま世子を廃したのだが、史官はちゃんと聞いていたのか」

　史官は正式な記録を残す官僚である。英祖は、自分の発言を正式な文書に記録することを要求した。

　たまらず思悼世子は、泣きながら言った。

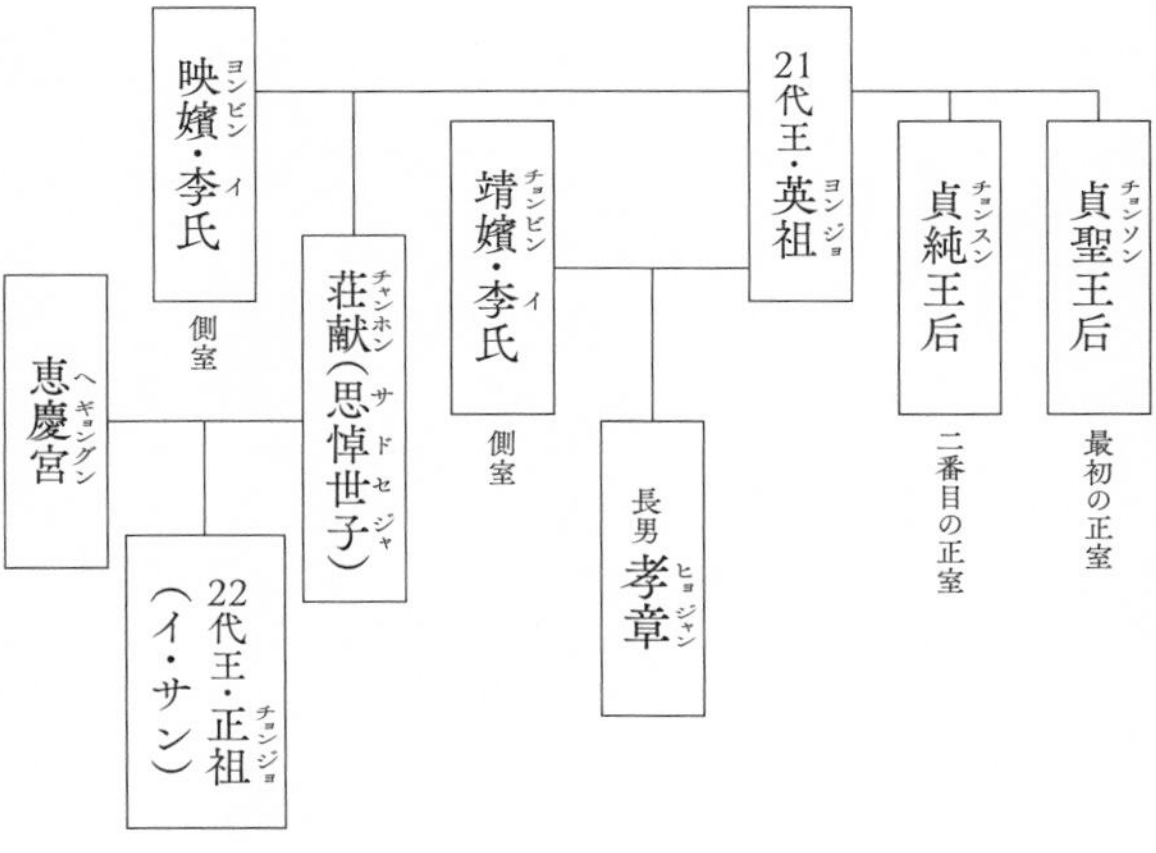

「過ちを改めて今後は正しく生きますので、どうか許してください」

しかし、英祖は聞く耳を持たなかった。

「映嬪が余になんと言ったと思う？　そなたがいかに世子にふさわしくないかを泣きながら訴えてきたのだ。もはやこれまでだ。そなたが自決しないかぎり、この国は安泰とならない」

この言葉に周囲は驚愕した。なぜなら、映嬪・李氏が息子の思悼世子を完全に見捨てていたからだ。ちなみに、彼女は思悼世子以外に英祖の3人の娘を産んでいる。この娘たちを英祖は溺愛していたのだが……。重臣たちも映嬪・李氏の真意をはかりかねた。

〈まさか生母が息子に冷たくするなんて……〉

結局、英祖が思悼世子の自決を促した背景には映嬪・李氏の影響もあったはずだ。

「お願いです。命だけは助けてください」

何度も思悼世子は哀願したが、英祖はそれを聞かずに息子を米びつに閉じ込めた。こうして思悼世子は餓死してしまったのである。

なぜ、映嬪・李氏は息子を突き放したのか。それは永遠の謎である。

映嬪・李氏が世を去ったのは、息子の思悼世子が絶命した2年後であった。

2 王朝一番の美女と言われた王女の波乱万丈な物語

朝鮮王朝の数多くの王女の中で、「最も美しい」と言われたのが敬恵（キョンヘ）王女であった。

彼女はドラマ『王女の男』でも詳しく描かれていたが、弟の端宗（タンジョン）から王位を奪った世祖（セジョ）によって悲しい運命にさらされてしまった。

その経緯は次ページからのイラストによって解説しよう。

この物語には後日談がある。１４６８年に世祖が亡くなったあと、一部の高官たちが「敬恵王女の子供を処罰すべき」と言い出した。

そのときは貞熹（チョンヒ）王后が激怒して「処罰を言い出した者は厳罰に処す」と語って敬恵王女の子供を守った。

そのおかげで敬恵王女は安寧に暮らしたが、１４７３年に38歳で亡くなった。若すぎる死を多くの人が悼んだ。

敬恵（キョンへ）王女は1435年に生まれた。
父親は5代王・文宗（ムンジョン）で、
彼女は「朝鮮王朝で一番美しかった王女」と称された。
父が亡くなった後、11歳の弟が
端宗（タンジョン）として即位した。

キレイ
ホオ～

端宗から王位を強奪した叔父（文宗の弟）が
7代王・世祖（セジョ）となった。
王女の夫の鄭悰（チョン・ジョン）は世祖に反抗して
流罪になったが、彼女は夫に従って配流地に行った。

フフフ
夫についていくのが当然です

1457年、血も涙もない世祖は端宗を死罪にした。王女も必死に生き残らなければならなかった。妊娠していたからだ。

世祖は「男が生まれたら殺せ！」と命令した。貞熹（チョンヒ）王后が違うことを命じた。

生まれたのは男だった。
王女は貞熹王后を信じて我が子を預けた。

男の子です
本当は自分の手で育てたかったけど、王に知られたら殺されてしまう

鄭悰は反逆罪で処刑された。
連座制で王女は奴婢にされたが、
敢然と言い放った。

無礼者！
私は国王の娘である

貞熹王后は王宮で女の子の服を着せて男の子に育てたが、ついに世祖にばれてしまった。意外にも世祖は男の子を可愛がった。

女の子
みたい
子供に罪はない。
王女の身分も
回復させよう

ついに王女は屋敷まで用意されたが、拒絶して尼になった。王女の意地だった。4年目に還俗して子供が連座制の罪から解かれることを懇願した。世祖は願いを受け入れた。その報を聞いて王女は喜びの涙を流した。

許そう
これで我が子が
立派に
生きていける

3　禁婚令の末に実施される「カンテク」はどんな儀式？

ドラマ『カンテク〜運命の愛〜』は王宮を舞台にした壮大な歴史ドラマなのだが、タイトルにあるように「カンテク（揀択）」が重要なキーワードになっている。

そこで、「カンテク」がどんな儀式なのかを紹介しよう。

そもそも「カンテク」というのは、王妃や世子嬪（セジャビン／世子の妻）を選ぶときの公式的な行事のことだ。

非常に重要な儀式なので、王朝が総力を挙げて実施していた。

最初に行われるのは、禁婚令を公布することだ。つまり「カンテク」を実施中は適齢期の女性が結婚できないのだ。

この場合は両班（ヤンバン）の娘だけでなく、庶民も禁婚令が適用されていた。ただし、実際に「カンテク」に選ばれるのは両班の娘だけだ。家柄が特に重要になるわけで、庶民が王妃や世子嬪になることはあり得なかった。それが、身分制度が厳格だった朝鮮王朝時代の限界であった。

実際に「カンテク」が始まると、適齢期の娘を持った両班から詳しい身上書が出され、書類を詳しく調べたうえで20人から30人くらいの女性が候補者となる。彼女たちは容姿や性格などが詳しく調べられて、6人ほどが二次審査に進んだ。ここでも人物像や細かい動作などが審査されて、最終的に3人の候補者に厳選される。

この3人は甲乙つけ難い女性たちであり、最終段階で国王や王妃を含めた王族の長老によって選抜される。

その結果、残った1人が王妃や世子嬪になるのである。

辛いのは最終審査で外れた2人である。

生涯にわたって結婚できないとされてしまった。ただし、そうした女性の中から国王の側室になる人もいた。

意外なことに、国王や世子の意中の女性は、最終審査で外れた2人の中に多くいたかもしれない。

4 朝鮮王朝の後期に「王族の少子化」が深刻になった

朝鮮王朝は1392年から1910年まで518年間も続いたが、初代王・太祖（テジョ）から15代王・光海君（クァンヘグン）までの前期と16代王・仁祖（インジョ）以降の後期とでは、国王の側室の数に顕著な違いがみられる。

たとえば、前期において国王が抱えた側室はおよそ10人前後であった。例を挙げれば、3代王の太宗（テジョン）は、朝鮮王朝の礎を築き上げた偉大な国王であったが、正室の元敬（ウォンギョン）王后との間に4人の息子及び4人の娘を授かる一方で、子を宿した側室だけでも9人もいた。

その側室たちは、合計で息子8人と娘13人を産んでおり、さらに、子供を持たない側室も少なからずいた。このように、太宗の側室の数は実に多かった。

しかしながら、朝鮮王朝も後期となった16代王・仁祖の時代から、側室の数は大幅に減少していった。この背景には、儒教的倫理観の強化が深く関与している。というのは、多くの儒教研究者たちが「国王といえども多くの側室を持つのはいかがなものでしょうか」との意見を持ち、その声に国王も耳を傾けるようになったのだ。

その結果として、後期の国王たちは側室を5人以下に絞り込むことになった。すると、側室から生まれる子供の数も大幅に減ってしまい、太宗のように30人近い子供を持つ国王は、後期には現れなくなった。

反対に、子供が少ない国王が後期に増加してしまい、結果的に、王位継承問題が難しくなる一方であった。

たとえば、20代王・景宗（キョンジョン）、24代王・憲宗（ホンジョン）、25代王・哲宗（チョルジョン）といった国王には後継ぎがおらず、次の国王に我が息子を選ぶことができなかった。

国王の世襲制を採用している王朝では、次々に直系の息子が国王を継いでいくのが大原則となっている。そういう意味でも、「次代の国王」を選ぶときは子供の数が多いほうが、選択肢が広がって好都合なのだ。

しかしながら朝鮮王朝の後期には、儒教的倫理観が壁となって選択肢を狭めてしまう部分もあった。

5 朝鮮王朝の歴史で「史上最高の世子」は誰だったのか

実在した世子たちを見ていくと、本当に玉石混交という印象が強い。才能にあふれた逸材がいれば、どうしようもなく凡庸な人間もいた。

そうした世子たちを総まとめしてみて「この人こそ間違いなく史上最高の世子だった」と思えるのが、『雲が描いた月明り』でパク・ボゴムが演じたイ・ヨンこと孝明（ヒョミョン）世子である。

彼がもし世子から国王に順調に即位していれば、聖君と尊敬された4代王・世宗（セジョン）を上回る統治能力を発揮した可能性が高い。それほどの逸材であった。

孝明世子は23代王・純祖（スンジョ）の長男として1809年に生まれた。

子供の頃から頭脳明晰で理路整然とした思考能力を持っていた。しかも、容姿端麗で誰からも好感を持たれた。純祖は我が子の才能を大いに見込んで、18歳のときから摂政をまかせた。

このとき、孝明世子は官僚の人事を巧みに行い、身分の違いにこだわらず有能な人を抜擢している。

官僚の人事というのは統治の中でとても難しい分野なのだが、若き孝明世子は人心の掌握術にたけていた。さらに、王宮の中の組織をうまくまとめあげ、改善すべき問題を迅速に処理していった。

そんな孝明世子は、聡明さでも祖父に似ていたと言われている。その祖父とは、まさにイ・サン（正祖〔チョンジョ〕）であった。歴史に残る偉大な国王にたとえられるほど孝明世子は「名君の器」だった。

これほど期待されたのに、寿命だけはどうしようもなかった。彼は惜しくも1830年に21歳で亡くなってしまった。

早世して国王になれなかった孝明世子は、歴史の表舞台で能力を生かす機会に恵まれなかった。

こうして、「史上最高の世子」は歴史の中に埋もれてしまったのだが、『雲が描いた月明り』がドラマの中とはいえ彼を華々しく現代に甦らせてくれた。

6 民衆の救世主になった王女の知られざる逸話！

ドラマ『華政（ファジョン）』のヒロインとなっていた貞明公主（チョンミョンコンジュ）は女優のイ・ヨニが演じていた。

そんな貞明公主は、「朝鮮王朝の王女の中で最も大きな土地を所有した」と称されている。つまり、大富豪だったのである。

しかし、傲慢な女性ではなかった。

それどころか、天使のような心を持っていた。それを証明したのが、１６３６年に朝鮮王朝が強大な清に攻められたときの逸話だ。

そのとき、清が都の漢陽（ハニャン）に攻めてくる前に貞明公主は江華島（カンファド）に避難したのだが、その際の彼女の行動が語り草になっている。

当時、多くの民衆が我先に都から逃げだして船着場までやってきた。その中に、江華島に向かっていた貞明公主もいた。

王女はよく福を呼ぶ韓服を着ていた

王族が服に付ける刺繡は補（ポ）と呼ばれていた

すでに船着場は群衆たちで大混乱だった。それを見た貞明公主は、臣下たちに対し厳命を下した。

「ウチの荷物をすべて船からおろし、途方に暮れる民衆を1人でも多く船へと導きなさい！」

この突然の命令に、臣下たちは顔色を失い躊躇した。船に積まれていた品々は、その価値が計り知れず、決して軽々と手放すものではなかったからだ。

だが、貞明公主は迷わなかった。

彼女は不動の決意で臣下たちに告げた。

「我の身の安全は二の次。民の救済こそが最優先です」

結局、船から貴重な荷物がおろされ、救いを求める多くの人々が船に乗ることができた。

その結果として貞明公主は多くの命を救ったのである。

貞明公主に対して民衆から絶賛の声が上がった。

「私たちが命を繋ぐことができたのも、貞明公主様の高潔な人柄のおかげです」

この言葉が口から口へと伝わり、貞明公主の名は歴史の中に深く刻まれた。

7 淑嬪・崔氏をめぐる闇はどこまで深いのか

韓国時代劇が描く歴史はどこまで史実に近いのだろうか。この問題は常に話題になる話なのだが、ドラマ『トンイ』でハン・ヒョジュが演じたトンイのモデルとなった淑嬪（スクピン）・崔氏（チェシ）は、史実とどのくらいかけ離れているのか。今回は、ドラマにまったく出てこない史実について説明してみたい。

張禧嬪（チャン・ヒビン）が1701年に粛宗（スクチョン）の王命により死罪になった際、奇妙な告発があった。それを行ったのは、張禧嬪の兄・張希載（チャン・ヒジェ）の腹心だった尹順命（ユン・スンミョン）で、告発状は「金春沢（キム・チュンテク）が張希載の妻と姦通していた」という衝撃の暴露で満ちていた。

この金春沢は淑嬪・崔氏の裏に控えていた男であり、ドラマ『トンイ』ではシム・ウンテクという名で出てくる。彼は名門の出身だ。粛宗の最初の王妃だった仁敬（インギョン）王后の父親だった金万基（キム・マンギ）の孫なのである。

金万基は、当時の朝鮮王朝で南人派と対立して勢力を伸ばしていた西人派の重鎮だった。そんな大物の孫なので、金春沢もどんどん頭角を現していった。しかし、毀誉褒貶《きよほうへん》が多かった。3回の牢獄入りと5回の流罪を繰り返すという常識外の経験をしている。また、科挙に受からなかったので官職には就いていないが、西人派の実行部隊を仕切っており、派閥では誰もが一目置く存在だった。

そんな金春沢は淑嬪・崔氏と密接な関係があった。粛宗が淑嬪・崔氏を側室にしたのも金春沢が暗躍した結果だという説も残っている。こうして、西人派は粛宗に目をかけられて派閥が巨大になっていった。それだけに、金春沢は西人派の中でも絶大な立場を得るに至った。

さらに、金春沢と淑嬪・崔氏はお互いに強固な絆を保ち、政局を動かせる存在になっていった。そうした影響力によって金春沢は粛宗の政策にも関与している。

そうした渦中に尹順命の告発によって、金春沢の正体が暴かれ、彼とつるんでいた淑嬪・崔氏も醜聞に呑み込まれることになった。すると、驚きの噂がどんどん出てくる。特に衝撃的だったのは、「淑嬪・崔氏の息子である延礽君（ヨニングン）が粛宗の子ではない」というものだった。噂の根源は延礽君が粛宗にまったく似ていないという事実だ。それが「粛宗と延礽君は親子ではない」という言説を生み出し、疑念を深めた粛宗が淑嬪・崔氏を疑い始めたという。

仮に延礽君の父が粛宗でないとするならば、誰が淑嬪・崔氏の子供の父親だったのだろうか。

浮上してきたのが「まさか……」の人物だった。なんと、金春沢自身なのである。彼は張希載の妻との不適切な関係を持つ男であり、延礽君の実父だと信じる者も現れた。

加えて、金春沢と淑嬪・崔氏の間に恋愛関係が存在したという野史（民間に伝承された歴史書）まで出現した。仮にこれが事実であるなら、淑嬪・崔氏は重大な罪を犯したことになる。

なぜなら、国王の側室が他の男性と関係を持つという行為は、国王に対する反逆罪に該当するからだ。

結果として、粛宗は仁元（イヌォン）王后を新しい正室として迎え、淑嬪・崔氏を冷遇して王宮の外に出してしまった。その後、粛宗は彼女と決して会わなかったと伝えられている。

粛宗は何を悟ったのか。淑嬪・崔氏をめぐる闇はとてつもなく深い。

8 激しい派閥闘争はとんでもない形で終焉していく

1720年に19代王・粛宗が亡くなった後に起こった「老論派と少論派の争い」はあまりに熾烈だった。

このときは、少論派が支持する景宗（キョンジョン）が20代王として即位した。一方、景宗の異母弟である延礽君（ヨニングン）を支えていたのが老論派であった。

1721年8月、老論派は「景宗に息子がいないこと」を理由にして延礽君を世弟（セジェ／国王の正式な後継者になる弟）に指名するように直訴した。

少論派は即座に拒否した。延礽君を世弟にすると、もし景宗が亡くなると自動的に延礽君が次の国王になってしまうからだ。少論派としては、老論派が天下を取ることは絶対に許せなかった。

しかし、老論派の要求は執拗だった。気の弱い景宗は、延礽君を世弟にすることを承認した。こうなると、老論派が勢いづく。彼らは国王が病弱であることを理由に延礽君の代理聴政（国王に代わって政治を行うこと）を突き付けてきた。

このときも少論派が激しく抵抗したが、またもや景宗が老論派の強硬な姿勢に押された。彼は弟の代理聴政を認めたりすぐに取りやめたりを繰り返し、王宮内部を混乱させた。景宗の優柔不断な性格によって少論派が一時的に動揺したが、その中の過激なグループが権勢を回復するために大勝負に出た。

1721年12月、少論派は「老論派の高官たちが謀反を企てている」と対立派閥を糾弾し、老論派の有力大臣の数名を厳罰に処した。こうして政権内部のクーデターを成功させた少論派は、朝鮮王朝の最高職を独占するようになった。

翌年3月には少論派が老論派の粛清に乗り出し、老論派の60人以上の官僚たちを処罰した。この事態に怯えたのが延礽君である。彼は命の危険すら感じた。少論派は延礽君も排除しようとしたが、それは景宗によって中止された。

景宗は弟を大事にする気持ちが強かった。こうして景宗によって命を救われた延礽君は、以降は謹慎を余儀なくされた。一方の少論派は「我が世の春」を満喫したが、その時期は短かった。景宗が在位4年2カ月で急死してしまったからだ。

まさに急転直下。激しい派閥闘争はこうして終焉した。

9　英祖を悩ませた景宗毒殺説はなぜ起こったのか

1724年8月30日、昌慶宮（チャンギョングン）において延礽君が21代王・英祖（ヨンジョ）として即位式を執り行った。

英祖の即位は、政治の舞台における老論派の華々しい復活を象徴していた。先代王の景宗の治世時、老論派は少論派によって厳しい弾劾を受けていたが、運命の転換により、今度は彼らが少論派を勢力の外へと追いやった。

朝鮮王朝の慣習として、新たな国王が即位する際には、しばしば先代国王時代の政治が蒸し返され、公然とした報復が行われることが多かった。政権を取り戻した老論派は、少論派の高官たちに対する処罰や追放に熱心に取り組んだ。

しかし、英祖は側近たちを冷静に牽制した。

というのも、彼は派閥を超えた公平な人材登用を目指すという大胆な構想を温めていたからだ。

これは蕩平策（タンピョンチェク）と呼ばれて、彼の治世を象徴する政策の一つとなっていた。

確かに、この蕩平策は多くの人材を有効に活用するという点で大いに効果を発揮した。これまで派閥に縛られて活躍の場を得られなかった有能な官僚たちが重要な職に任命され、その職務を果たすことで王朝の政治は新たな活力を得た。

自信を深めた英祖は、党争を克服して政治改革を進める強い意欲を示した。ただし、彼の立場は盤石ではなかった。特に英祖を悩ませたのは、「景宗毒殺の首謀者」という根深い噂であった。

この噂を武器に、少論派は英祖と老論派に対して攻撃を仕掛けた。即位したばかりの英祖は、周囲の反感を抑えつつ、慎重に王命を出す必要があった。それほどまでに英祖を悩ませた景宗毒殺説とは一体どういうものだろうか。

実は、英祖が即位した直後から「景宗に出された蟹に毒が入っていたのではないか」という噂が流れるようになった。

景宗は英祖の異母兄であり、子供がいなかったので、亡くなれば英祖が王位を継ぐ予定になっていた。それゆえ、「早く国王になりたくて異母兄を毒殺したのでは」という憶測が生じたのだ。

当時の状況を見てみよう。

景宗が健康を悪化させたのは、1724年8月20日のことである。『朝鮮王朝実録』に記された出来事を振り返ってみると、8月20日の夜、景宗は胸と腹に激しい痛みを感じて医官の診察を受けた。彼がその日に食べたケジャン（蟹を醤油漬けにした料理）と柿が良くなかったと診断された。というのは、この組み合わせは医官の間でも最悪だと見なされていたのだ。

それならば、なぜ景宗はケジャンと柿を一緒に食べたのか。

疑われたのが英祖だ。彼が景宗に「ぜひお召し上がりください」と勧めたのである。けれど、結果が良くなかった。

景宗はとたんに具合が悪くなり、煎じ薬を処方され、安静を保った。

そんな状況の中で、今度は英祖が景宗に人参茶を飲ませようとした。

これは医官が止めた。彼らの言い分は「この病状に人参茶はふさわしくない」というものだった。

しかし、英祖は反論した。

「人参茶がからだにいいことは誰でも知っている」

こうして英祖は医官の反対を押し切って景宗に人参茶を飲ませた。ところが、裏目になった。景宗の腹痛と下痢が悪化し、23日には下痢が止まらずに体力が衰え、24日には深刻な病状に陥った。

その末に彼は25日にこの世を去った。

もしも英祖が、医官が反対した「ケジャンと柿」「人参茶」を景宗に差し上げなければ死なずに済んだだろうか。ここに大きな疑惑が生じた。

医官たちは医療の専門家であり、英祖は素人だ。

それなのに、なぜ英祖は専門家の意見を無視して景宗に食べ合わせが悪いものを勧めたのか。

この行動が、後に景宗毒殺の首謀者として英祖の名前があがる根拠となった。

実際、景宗の病状が良くないときに、英祖は二度にわたり専門医である医官たちの意見を聞かず、疑わしい状況を自ら作り出してしまった。果たして、彼はなぜそんなことをしたのか。

理由の一つは、彼の偏屈な性格だ。

英祖と景宗は母親同士が対立したライバル同士（淑嬪・崔氏と張禧嬪）だが、息子の2人は仲が良かった。

そんな中で、英祖は本当に異母兄に良かれと思って「ケジャンと柿」「人参茶」を差し上げたのかもしれない。それも、偏屈なくらい強引に……。

もう一つは、本当に英祖が景宗の命を奪うために行ったという説だ。実際、景宗が亡くなれば英祖に王位がまわってくるのだから、彼が意図的に細工したという話にも信憑性があった。

真相は最後まではっきりしなかったが、「英祖が景宗を毒殺した」という主張をした一派が反乱を起こしている。こうなると、単なる噂だと放っておくことはできない。英祖も反乱を鎮圧して自分に向けられた毒殺説を強硬に否定してみせた。

しかし、毒殺説は消えることなく残り続け、国王と対立する少論派はこの問題を何度も取り上げた。

英祖の立場は不安定となり、王権交代を狙う者たちによって彼は薄氷を踏むような危うい状況に常に追い込まれていた。

10 王妃が自分で料理を作ることが果たして可能なのか

ドラマ『哲仁王后～俺がクイーン!?～』ではシン・ヘソンが演じる哲仁（チョリン）王后が自分で実際に料理を作って大王大妃（テワンテビ）に差し上げていた。すると、大王大妃は母親が作ってくれた料理を思い出し、ご飯粒を顔にくっつけてご満悦だった。

ドラマでは、韓国大統領官邸のシェフの魂が王妃に乗り移っているので、王妃が料理上手に変身するのも無理はない。

実際、王妃は現代韓国の発達した料理術を駆使して、朝鮮王朝時代に誰も真似できないような「垂涎の料理」を作っていたのである。

ここで大事なのは、王妃が王宮内部の水刺間（スラッカン／王宮で料理を作って王族に提供する部署）で調理することが許されるかどうか、ということだ。

結論から言えば、現実には王妃が水刺間で料理を作ることは絶対にあり得ない。これはあくまでもドラマでの設定であり、現実とはまるで違う。

なぜなら、朝鮮王朝時代は厳しい身分制度があり、立場によって自分ができることには制限があったからだ。特に、王族は労働に従事しては絶対にいけなかった。しかも、水刺間の女官は配膳や毒見が重要な任務であり、料理を作るのは、自宅から通ってくる男性料理人の役目だった。

それなのに、王妃は男性料理人よりはるかに巧みに美味しい料理を作ることができて大王大妃にも絶賛されていた。それが『哲仁王后～俺がクイーン!?～』の描き方であったが、ドラマではなく史実の王妃は普段の生活の中でも、水刺間の女官が配膳してくる料理を食べるだけであり、自ら作ることはあり得なかった。

そんなことを平然とやってしまうのもコメディ時代劇の設定が自由奔放だからなのだが、実際の王妃は良家の令嬢として育ち、王宮に入ってからも身の回りの世話はみんな女官たちがやってくれた。

それゆえ、ただジッとしているだけで生活が成り立ったのだ。

王妃が水刺間で調理をする……というのは、朝鮮王朝時代の人には想像すらできないことであった。

王宮で王族が食べる宮廷料理は本当に豪華だ

宮廷料理を代表する神仙炉（シンソルロ）

茶菓を含めて食材のバリエーションが多彩だ

11 イ・サンの暗殺を狙う刺客集団が王宮に侵入！

名君イ・サン（正祖）は若いときからずっと政敵たちによって暗殺されそうになっていた。それだけに、イ・サンは常に警戒を怠らなかった。

そんな中で、驚くべき事件が起こった。『朝鮮王朝実録』の記録によると、1777年7月28日に発生している。

当時、イ・サンは静かなる慶熙宮（キョンヒグン）に住み、その日は深夜遅くまで熱心に読書をしていた。すると、不穏な物音が何度も響き渡った。それは、屋根の瓦を踏む人間の足音であった。イ・サンは警戒心を強めて、警護の者たちに不穏な物音がした場所を調べさせた。

周囲が暗すぎて、その時点では真相をつかむことができなかったが、明け方になり詳細に調査を進めたところ、数々の不審な足跡が屋根や地面から発見された。さらに、数十の銭も見つかった。

イ・サンは高官たちを前に断言した。

「賊が忍び込んできたことは間違いない」

領議政（ヨンイジョン／総理大臣に該当する）の金尚喆（キム・サンチョル）も驚きの声をあげた。

「震えるほど驚愕しております。刺客が王宮に忍び込むとは、まさに前代未聞でございます。逆賊どもが何かを仕出かすつもりでしょう。謀反に対して徹底的に対処することが肝要でございます」

この一件は、王宮内部においても大きな波紋を呼び起こした。なぜなら、国王の命を狙う暗殺団が堂々とその聖域に足を踏み入れていたのだから……。

以後、イ・サンは迅速に対策を施した。その過程で、慶熙宮の構造に根本的な問題があることが明らかになった。賊の侵入を阻むのに適さない構造だったのだ。

この事実を前にして、正宮として慶熙宮をこれ以上使用することの難しさを痛感し、イ・サンは昌徳宮（チャンドックン）に移ることを決意した。それに加えて、国王の安全を守る親衛隊を一層強化し、以前にも増して厳重な警戒態勢を敷いて、暗殺団の侵入を一切許さない体制を整えた。

12 国王の求愛を拒絶した宮女の壮絶な覚悟とは？

ドラマ『赤い袖先』では、イ・ジュノが演じたイ・サンとイ・セヨンが扮した宮女ソン・ドギム（成徳任）の抒情的な愛が情感豊かに描かれていた。ストーリーも史実を巧みに取り入れて重厚な歴史劇となっていて、2人の人生がドラマの中で劇的に投影されていた。

歴史的に言うと、イ・サンとソン・ドギムが初めて会ったのは1762年のことだ。そして、イ・サンがソン・ドギムに求愛して承恩（国王や世子が宮女と一夜を共にすること）を命じたのは1766年だった。

このときイ・サンは14歳でソン・ドギムは13歳。彼女は喜んでイ・サンの承恩を受けると思われたが、実際はまるで違った。毅然と断ったのだ。慕っていたイ・サンの妻に申し訳ないと思っていたからだ。

それでもイ・サンの愛は変わらなかった。彼は1776年に22代王として即位したのだが、ずっとソン・ドギムを寵愛していた。

1780年、28歳になっていたイ・サンは再びソン・ドギムに承恩を命じた。最初に承恩を命じてから14年が経っていた。

そのときもソン・ドギムは承恩を断っている。理由は前回と同じだった。孝懿（ヒョイ）王后にはまだ子供がいなかった。それゆえ、孝懿王后の気持ちを考えてソン・ドギムはイ・サンの承恩を断ったのだ。

しかし、前回の拒絶とは意味が違った。なぜなら、国王になっていたイ・サンにまだ後継ぎがいなかったからだ。これは王家の中でとても大事な問題であり、イ・サンとしても早く後継ぎを決めたいという気持ちが強かった。

孝懿王后は子供を産んでいないので、側室に頼らざるを得ない。それだけに切実な気持ちでイ・サンはソン・ドギムに求愛したのだ。そうした事情をソン・ドギムもよくわきまえていた。

結局、ソン・ドギムはイ・サンの子供を妊娠することになった。しかし、二度も流産してしまった。その後ソン・ドギムは1782年9月7日に王子を産んだ。その功績によって彼女は1783年に正一品の宜嬪（ウィビン）・成氏（ソンシ）となった。女官の中で最高の地位であり、イ・サンも宜嬪・成氏の功績を讃えた。

やがて、宜嬪・成氏は再び出産を迎え、翁主（オンジュ／国王の側室が産んだ王女）を産んだ。しかし、この王女は2カ月という短い命しか生きられなかった。

その後の1784年7月、宜嬪・成氏の長男は世子に指名されて、文孝（ムニョ）と名付けられた。彼は2歳にも満たない幼さであったので、本来なら世子になるには早すぎるのだが、イ・サンはそれでも決断した。通常、世子として選ばれる年齢は5歳前後であるため、これは本当に異例なことであった。

しかしながら、文孝世子は弱々しい命であった。歴史的な記録によると、文孝世子は1786年1月からはしかを患ってしまった。病状は一進一退となり、一時は快方に向かってイ・サンを安堵させたのだが、5月になって容態が急変して、ついに文孝世子はこの世を去ってしまった。まだ4歳であった。

その失意は、宜嬪・成氏の心を深く傷つけた。結局、彼女はその深い悲しみから立ち直ることができず、健康を害してしまった。

イ・サンは薬学に精通しており、彼女のために薬を調合した。王宮の誰もが祈る気持ちで宜嬪・成氏の回復を願っていたのだが……。

その悲しみの場面は『赤い袖先』でも詳細に描かれていた。

おわりに

背徳の王宮から遠く離れて何を思うのか

朝鮮王朝が建国したときに最初の王妃であった神徳（シンドク）王后。

彼女は欲が深すぎたのだろうか。

10歳の息子を無理して世子にしようとせずに、実力者で継子であった芳遠（バンウォン）にまかせておけば、2人の息子を死なせずに済んだかもしれない。神徳王后の執着が悲劇を生んだと言われても仕方がなかった。

しかし、芳遠が3代王・太宗（テジョン）として即位したあとに、継母の陵墓まで徹底的に破壊したのはあまりにやりすぎだった。いくら憎しみが強かったとはいえ、神徳王后の尊厳をふみにじった行為は、200年以上が過ぎて徐々に問題視されるようになった。

そうした風潮の中で、「孝」を最高の徳目と考える儒教思想によって神徳王后が復権する日がやってきた。

最終決定したのは18代王・顕宗（ヒョンジョン／在位は1659～1674年）である。彼は、儒学の大家であった高官・宋時烈（ソン・ショル）の「正妃として陵を造られており、儒教理念に鑑みれば、その後の扱いは名分に合いません」という主張を最終的に受け入れた。その結果、神徳王后は宗廟（チョンミョ／歴代の国王と王妃を祀った施設）に合祀され、再び王妃としての立場を取り戻した。

ただし、死後の彼女の復権を盛大に祝ってくれる子孫たちは都にいなかった。なぜなら、1400年に太宗が即位した時点で、神徳王后の親族たちは次々に都から追放されていたからだ。太宗の「継母憎し」はそこまで強烈だった。

都から追われた「神徳王后の身内」の中で、象徴的だったのが康永（カン・ヨン）であった。彼は神徳王后といとこの関係だった。父親同士が兄弟なのである。その康永は全羅道（チョルラド）の知事まで務めた政府高官であったにもかかわらず、太宗に嫌われて、1402年に済州島（チェジュド）に流罪となった。

当時の済州島は極刑を犯した罪人が流される島。本土から離れた南海の孤島であった。そんなところに流罪となり、康永は絶望的な気持ちになった。それでも、生きていかなければならない。彼は覚悟を決めて済州島で必死に生き、結婚もして三男をもうけた。そして、師弟教育に情熱を注いだ末に1413年に世を去った。私は、その康永から数えて19

信川康氏の「入島一世」となった康永の墓域

康永の墓

代目の直系の子孫に当たる。

一族の族譜によると、康永の墓は朝天（チョチョン）にあると記されている。ここは北岸にある当時の港町であり、本土と島を結ぶ船の発着場所だった。

その朝天に行けば、康永の墓が見つかるのではないかと思い、あてもなく訪ねたことがあった。町役場で尋ねても最初はわからなかったが、土地の事情に詳しそうな長老を町役場が紹介してくれて、その方から康永の墓を教えてもらった。

海側から山に向かう道の途中の奥まったところに康永の墓があった。敷地の中に入ると、中はテニスコートが何面もできるほど広かった。その奥の左手に石碑があった。石碑は高さが5メートルほどで、表側に「全羅道監司　康公神道碑」と書かれてあった。碑の奥に20メートル四方の台地があり、その中央にお椀を伏せたような墳墓が見えていた。それが、康永の墓であった。

その前に私は立ち、事前に用意したものを取り出して、墓の前の台座に供え物を並べた。そして、線香を焚いたあと、杯に酒を入れて捧げ、チョル（韓国式の礼拝）を2回繰り返した。

子孫としての儀式を終えて、しばらく墓の前で佇んだ。

済州島では、一族の中で最初に島に来た人を「入島一世」と呼ぶが、康永は信川（シンチョン）康氏（カンシ）の入島一世として立派な墓地が整備されている。彼が済州島に来る以前、「康」の姓を持つ人は誰もいなかった。しかし、今の韓国で「康」の姓の人を見れば「済州島の出身ではないか」と思うほど、この島には康氏が多いのである。彼の3人の息子がどれほど子孫を増やしたのか。私もその1人ではあるのだが……。

神徳王后が太宗から怨まれなければ、康永は済州島まで流されることはなかった。王宮の中で高官として相応の権勢を誇っていたかもしれない。しかし、どんなに嘆いても二度と王宮に戻ることはできない。済州島独特の強風にさらされるのみである。

けれど、そのほうがむしろ人間的な営みができた、という場合もあるのではないか。なにしろ、朝鮮王朝の王宮というのは、人間の運命を悲しいまでに豹変させる巣窟であったと言えるからだ。

それほどに生々しい魔宮を避けて、康永が人間的な安らぎをようやく最果ての島で見つけた、と想像しても、あながち間違いではないだろう。我が先祖は背徳の王宮から遠く離れて、ようやく人間的な安らぎを得たのかもしれない。

1 王宮の一般的な配置状況

朝鮮王朝の都であった漢陽（ハニャン／現在のソウル）には、5つの王宮があった。それは、景福宮（キョンボックン）、昌徳宮（チャンドックン）、昌慶宮（チャンギョングン）、徳寿宮（トクスグン）、慶熙宮（キョンヒグン）である。総称して「朝鮮王朝の5大王宮」と呼ばれている。

なぜ、王宮が5つも必要だったのか。それは、王朝の危機を分散させる目的もあった。たとえば、外国からの侵攻や火災で正宮が焼失したとき、代わって離宮が昇格して王朝存続の拠点となったのだ。また、国王が自分の好みで正宮を変えてしまうことも起こっていた。それゆえ、時代に応じて正宮はたびたび変更されている。

そうした事実を理解したうえで、王宮の一般的な配置状況について説明しよう。

各王宮は立派な正門から始まっており、その先には公式行事を行った正殿（チョンジョン）が威厳を持って立っている。その先に、国王が日常の執務を行った便殿（ピョンジョン）があり、その奥には王族の暮らしの拠点になる寝殿（チムジョン）が揃っていた。

特に、王妃の寝殿は王宮の中央付近に造られることが多かった。そこで、王妃は一般的に中殿（チュンジョン）、中宮（チュングン）と呼ばれていた。また、国王の後継者となる世子は王宮の中で東側に居住するのが常だった。それゆえ、世子は東宮（トングン）とも称されていた。

また、王朝の官庁は、正面から見て正殿や便殿の左側に揃って建てられることが多かった。ここに勤める官僚たちは王宮の外から通っていた。さらに、朝鮮王朝では側室が後宮（フグン）と呼ばれたが、彼女たちは王宮の後方に住んでいた。その奥に、王族の世話をする女官たちの住まいもあった。

首都の城内図

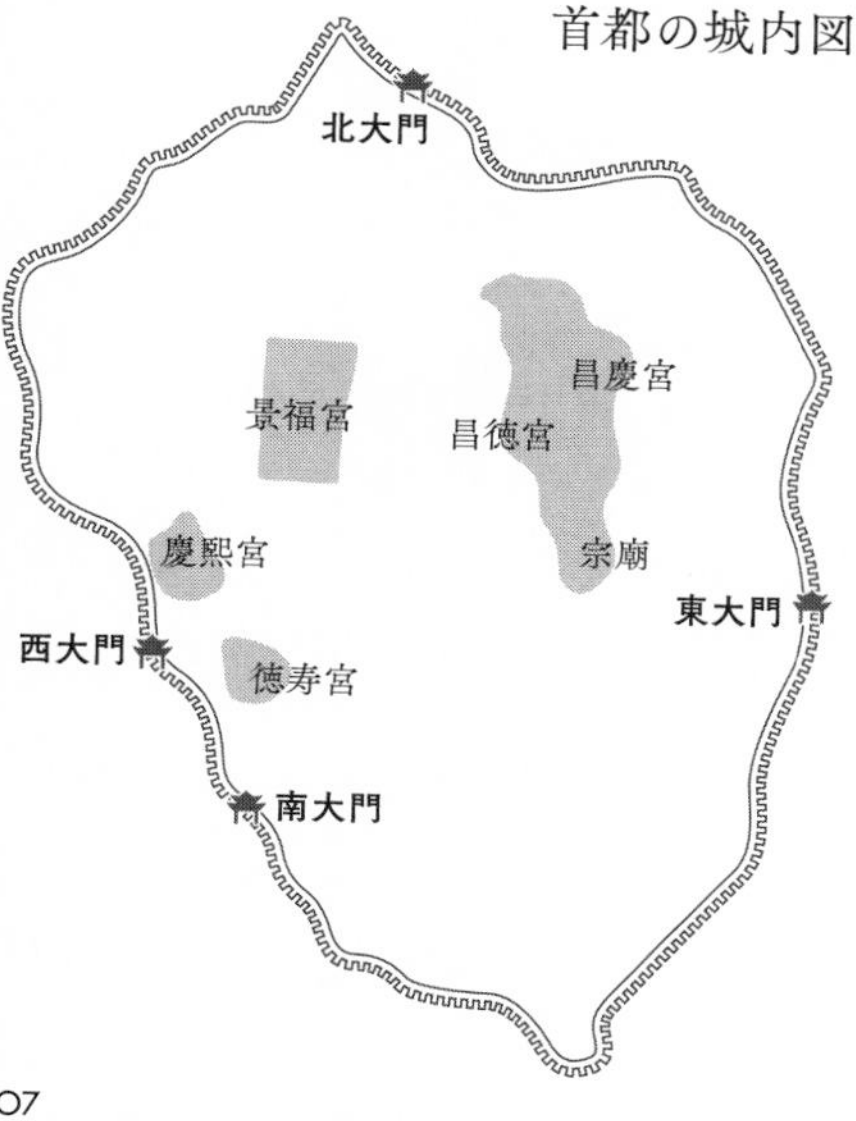

2 景福宮

1392年、朝鮮王朝を建国した李成桂（イ・ソンゲ／初代王の太祖〔テジョ〕）は風水を調べ上げて首都を漢陽に決めた。現在のソウルである。

この新たな王朝の心臓部となる王宮の建設は1395年に壮大に始動した。王宮の正式名称「景福宮」は、「大きな福を迎える」という意味が込められており、その名に恥じない繁栄が期待された。

しかし、その「福」が続いたのは建国200周年までであった。1592年、朝鮮出兵が起こり、豊臣軍との激しい戦乱の渦中で景福宮は悲劇的に燃え尽きてしまった。正宮は別の場所へと移され、景福宮は放置されることになる。

1865年、国王の威厳を高めようとした26代王・高宗（コジョン）の父によって景福宮が再建された。再び正宮としての栄光を取り戻したが、火災に見舞われることもあった。ようやく1990年から本格的な復元工事が始まり、現在は往時の景福宮としての姿を取り戻している。

正殿の勤政殿（クンジョンジョン）

国王が執務を行った思政殿（サジョンジョン）

正門である光化門（クァンファムン）は、正宮の玄関口にふさわしい堂々たる威容を誇り、その門をくぐると、即位式などが行われた正殿の勤政殿（クンジョンジョン）へと導かれる。

さらに深く進むと、国王が執務を行った思政殿（サジョンジョン）、国王の寝室であった康寧殿（カンニョンジョン）、王妃が住んでいた交泰殿（キョテジョン）が続く。また、外交使節の迎賓館としても使われた慶会楼（キョンフェル）の景観が訪れる者を魅了する。

3 昌徳宮

壮大な歴史の翼を広げる昌徳宮は、朝鮮王朝の3代王として君臨した太宗（テジョン）の堂々たる威厳を世に示すために1405年に創建された。景福宮の離宮としての補助的な存在に留まらず、景福宮が焼失した際には正宮としての役割を果たすことが多く、各施設は景福宮に劣らない格式を備えていた。

特に、1412年に初めて建てられて1609年に再建された敦化門（トンファムン）は、

正門の敦化門（トンファムン）

正殿の仁政殿（インジョンジョン）

現在も韓国で最も歴史のある門としてその地位を保ち続けている。また、仁政殿（インジョンジョン）は華麗な伝統様式を今に伝える正殿であり、内部には玉座も備えられ、国王の権威を象徴している。

昌徳宮の美はただ建築物の格式だけにあるのではなく、その配置が自然との調和を図っていることで生まれている。中でも、緑豊かな木々に囲まれた秘苑（ピウォン）は、「朝鮮王朝時代の自然美の極致」と称賛されている。この地に足を踏み入れると、朝鮮王朝時代の人々がいかに自然美を愛していたかが伝わってくる。なお、1997年にはユネスコの世界文化遺産に指定された。

4 昌慶宮

朝鮮王朝最高の聖君と謳われる4代王の世宗（セジョン）は、3代王・太宗の三男であった。長男を差し置いて自らを国王に選んでくれた父への深い感謝の念を抱き、その恩義を示すために、昌徳宮の隣に新たな離宮を建設する計画を立てた。

正門の明政門（ミョンジョンムン）

正殿の明政殿（ミョンジョンジョン）

その結果、1418年に寿康宮（スガングン）として完成し、1483年以降は昌慶宮としてさらなる発展を遂げた。王族の年長者たちが静かに暮らすことを望む傾向にあった当時、昌慶宮はその要望に応える形で規模を拡大していった。

朝鮮王朝の他の王宮がほとんど南向きである中、昌慶宮では正門と正殿が東向きになっている。これは、東側に平地が広がっている地形を活かし、その自然の流れに逆らわないよう配慮した結果である。

また、昌慶宮は多くの王族が居住し、数々の重大な出来事が起こった場所でもある。1762年に21代王の英祖が息子の思悼世子を米びつに閉じ込めて餓死させた悲劇的な事件が起こっているが、その現場が昌慶宮であった。昌慶宮は、喜びも悲しみも含めた様々な歴史の舞台だった。

5　徳寿宮

この王宮は、朝鮮王朝の王位継承に関する逸話に満ちている。1469年、8代王の睿

正門の大漢門（テハンムン）

正殿の中和殿（チュンファジョン）

宗（イェジョン）は、即位してわずか1年でこの世を去った。その死はあまりにも突然で、後継者を決めていない状況だった。王朝内が混乱する中で迅速に動いたのが、睿宗の母の貞熹（チョンヒ）王后だった。

彼女は権力の維持のために好都合な国王を選び、睿宗の兄の二男を9代王・成宗（ソンジョン）として即位させた。成宗は12歳であり、彼には15歳になる兄がいたにもかかわらず……。

成宗は、祖母の策略で兄が後継者から外されたことに深く同情し、その兄を慰労する目的で立派な私邸を贈った。この私邸が後に徳寿宮となった（この経緯には諸説がある）。

徳寿宮は、政治の大きな表舞台にもなっている。1592年、朝鮮王朝は豊臣軍に攻められて景福宮や昌徳宮が被害を受けたのだが、代わって徳寿宮が正宮となり、1608年には15代王・光海君（クァンヘグン）の即位式も行われた。

歴史の荒波をくぐりぬけてきた徳寿宮は、日本統治時代に敷地が大幅に縮小されたのだが、それでも正殿の中和殿（チュンファジョン）を含めて朝鮮王朝の伝統がしっかり残っている。

徳寿宮の前で行われた朝鮮王朝時代の儀式を再現する行事

まさに朝鮮王朝時代の雰囲気が現代に甦る

6 慶熙宮

朝鮮王朝の「5大王宮」の中でも、特に規模が小さく、最も西側に位置するのが慶熙宮（キョンヒグン）である。

元は朝鮮王朝の創設者である李成桂（イ・ソンゲ／初代王・太祖〔テジョ〕）の私邸だった。初代王の威光により聖地のように大切にされてきた関係で、離宮として様々な施設を有するに至った。

しかし、日本統治時代に古い施設が撤去されて学校が造られ、かつて王宮であった痕跡は消え去ってしまった。

解放後、この地にはソウル高等学校が建っていたが、1980年に高校が移転し、本格的な復元工事が始まった。

その過程で、正門の興化門（フンファムン）や正殿の崇政殿（スンジョンジョン）が復元された。

こうして慶熙宮は、その歴史的価値を取り戻すことになったのである。

正門の興化門（フンファムン）

正殿の崇政殿（スンジョンジョン）

朝鮮王朝の歴史年表

1392年	高麗（コリョ）王朝の武将・李成桂（イ・ソンゲ）が新しい王朝を創設して、初代王・太祖（テジョ）となる。
1393年	新しい王朝は国号を「朝鮮（チョソン）」に決定。
1394年	高麗王朝の都は「開京（ケギョン）」だったが、太祖が遷都を決意して漢陽（ハニャン）に都を移した。現在のソウルである。
1395年	正宮となる景福宮（キョンボックン）の建設が始まる。
1398年	太祖の息子たちによる骨肉の争いが勃発し、五男の芳遠（バンウォン）が、世子だった八男・芳碩（バンソク）を排除して実権を握る。「第1次王子の乱」と称される。太祖が退位して二男の芳果（バングァ）が2代王・定宗（チョンジョン）として即位した。
1400年	太祖の四男・芳幹（バンガン）が王位を狙って挙兵したが、反乱は鎮圧された。これを「第2次王子の乱」と言う。実力者の芳遠が定宗を退位させて自ら3代王・太宗（テジョン）として即位する。

1408年	太祖が73歳で息を引き取る。
1418年	太宗が王位を譲り、三男が4代王・世宗（セジョン）として即位する。太宗は上王として最高権力を維持する。
1422年	太宗が世を去り、世宗が権力を継承する。
1443年	世宗が民族固有の文字である訓民正音（フンミンジョンウム）を完成させる。訓民正音は後の「ハングル」である。
1446年	訓民正音が正式に公布される。
1450年	世宗が亡くなり、長男が5代王・文宗（ムンジョン）として即位した。学識に優れた王だったが、あまりに病弱だった。
1452年	文宗が世を去り、11歳の長男が6代王・端宗（タンジョン）として即位。本来なら王族の長老女性が政治を代行するが、摂政の適任者がいなかった。
1453年	世宗の二男で文宗の弟だった首陽大君（スヤンデグン）が王位を狙って端宗の後見人だった金宗瑞（キム・ジョンソ）を殺害。謀反によって政権を奪取する。「癸酉靖難（ケユジョンナン）」と呼ばれている。
1455年	首陽大君が端宗を強引に退位させて自ら7代王・世祖（セジョ）となる。端宗は上王

	となったが実権は何もなかった。
1456年	忠臣だった成三問（ソン・サムムン）を中心に端宗の復位をめざしたクーデターが計画されたが、失敗して首謀者たちが処刑される。彼らは後に「死六臣（サユクシン）」として称賛される。
1457年	世祖は端宗を降格させた上で死罪に処す。
1460年	朝鮮王朝の基本法典となる「経国大典」の編纂が始まる。
1468年	世祖が世を去る。彼の二男が8代王・睿宗（イェジョン）となる。
1469年	睿宗が19歳で世を去る。世祖の孫が即位して9代王・成宗（ソンジョン）となる。彼の生母が仁粋（インス）大妃で、絶大な権力を手にする。
1479年	成宗の正室の尹氏（ユンシ）が国王の顔を引っ掻いて廃妃になる。
1482年	廃妃後の尹氏が死罪となる。
1485年	編纂開始から25年目にして「経国大典」が完成。朝鮮王朝の法律制度が確立された。
1494年	燕山君（ヨンサングン）が10代王として即位する。
1498年	燕山君が道義と名分を重んじる士林派を粛清。「戊午士禍（ムオサファ）」と呼ばれて

いる。

1504年 燕山君の母（尹氏）の死罪に関係した官僚たちが虐殺される。「甲子士禍（カプチャサファ）」と呼ばれている。

1506年 朴元宗（パク・ウォンジョン）と成希顔（ソン・ヒアン）が中心になってクーデターが起き、燕山君が王宮から追われて廃位となる。その結果、燕山君の異母弟の晋城大君（チンソンデグン）が11代王・中宗（チュンジョン）として即位。この政変は「中宗反正（チュンジョンバンジョン）」と呼ばれている。

1519年 儒教的な賢人政治をめざした趙光祖（チョ・グァンジョ）が中宗から疎まれて死罪となる。彼の同志も多くが死罪か失脚となる。この事件は、「己卯士禍（キミョサファ）」と呼ばれる。

1544年 中宗が世を去り、長男が12代王の仁宗（インジョン）として即位する。

1545年 仁宗が死去。継母の文定（ムンジョン）王后（中宗の三番目の正室）が毒殺した疑いが濃い。文定王后が産んだ息子が13代王・明宗（ミョンジョン）として即位し、文定王后が権力を掌握して政治が乱れた。

1565年 悪政にまみれた文定王后が世を去る。

1567年	14代王・宣祖（ソンジョ）が即位する。
1592年	4月13日、豊臣軍が釜山（プサン）に上陸して壬辰倭乱（イムジンウェラン／日本でいえば文禄の役）が勃発する。5月2日に都の漢陽が陥落。朝鮮王朝は苦境に陥ったが、明の援護と李舜臣（イ・スンシン）将軍の活躍で挽回する。
1598年	豊臣秀吉の死をもって戦乱が終結。最後の海戦で李舜臣が戦死する。
1608年	15代王・光海君（クァンヘグン）が即位。
1614年	光海君の異母弟だった永昌大君（ヨンチャンデグン）が暗殺される。光海君は多くの怨みを買ってしまった。
1623年	光海君が王宮を追放される。クーデターを主導したのは宣祖の孫であり、そのまま16代王・仁祖（インジョ）として即位する。歴史的には「仁祖反正（インジョバンジョン）」と呼ばれている。
1627年	後金が朝鮮王朝に侵攻。最後は和睦が成立する。「丁卯胡乱（チョンミョホラン）」と呼ばれている。
1636年	後金が国名を清に変えて大軍で朝鮮王朝に侵攻。仁祖は都の南にあった山城に籠城する。

1637年	朝鮮王朝が清に屈伏し、仁祖が清の皇帝の前でひざまずいて謝罪した。「丙子胡乱（ピョンジャホラン）」と呼ばれている。
1641年	済州島（チェジュド）に配流されていた光海君が世を去る。
1645年	清で人質になっていた昭顕（ソヒョン）世子が解放されて母国に帰ってきたが、わずか2カ月で死去。外国にかぶれたという理由で父の仁祖が毒殺した疑いが濃い。
1649年	仁祖が死去し、二男が17代王・孝宗（ヒョジョン）として即位した。
1674年	19代王・粛宗（スクチョン）が即位。
1680年	張禧嬪（チャン・ヒビン）が女官として王宮に入ってくる。
1688年	粛宗の側室になっていた張禧嬪が王子を出産した。
1689年	粛宗が正室の仁顕（イニョン）王后を廃妃にする。代わって張禧嬪が王妃になるが、傲慢になった彼女は次第に粛宗の寵愛を失っていく。
1693年	粛宗の側室になっていた淑嬪（スクピン）・崔氏（チェシ）が王子を出産するが、すぐに早世した。
1694年	張禧嬪の兄が淑嬪・崔氏の毒殺をはかったという告発が官僚から出される。これを契機に張禧嬪が王妃から側室に降格し、代わって廃妃になっていた仁顕王后が王妃

	に復帰する。
1701年	仁顕王后が8月に病死。「張禧嬪が仁顕王后を呪詛していた」と淑嬪・崔氏が告発。粛宗が「すでに罪が明らかになったので、国家のために張禧嬪を死罪にせよ」と命令する。張禧嬪が毒を仰いで絶命する。
1718年	淑嬪・崔氏が亡くなる。
1720年	粛宗が世を去り、張禧嬪との間に生まれた長男が20代王・景宗（キョンジョン）として即位する。
1724年	景宗が世を去り、淑嬪・崔氏が産んだ、粛宗の息子が21代王・英祖（ヨンジョ）として即位する。
1735年	英祖の二男として荘献（チャンホン）が生まれる。
1752年	荘献の長男として正祖（チョンジョ）が誕生する。
1762年	英祖が素行の悪さを理由に荘献を米びつに閉じ込めて餓死させる。荘献の死後に後悔した英祖は息子に「思悼世子（サドセジャ）」という号を贈る。
1776年	英祖が亡くなり、22代王として正祖が即位。彼は父を陥れた者たちを厳罰に処した。

1777年　正祖の命を狙う暗殺団が王宮に侵入する、という事件が起きた。

1780年　正祖の側近として絶大な権力を掌握した洪国栄（ホン・グギョン）が、孝懿（ヒョイ）王后を毒殺しようとした事実が発覚。彼は地方に追放されて1年後に病死した。

1794年　正祖が父の陵墓がある水原（スウォン）で大規模な城郭の建設を始め、2年6カ月で完成した。華城（ファソン）と呼ばれ、世界文化遺産に登録されている。

1800年　正祖が世を去るが、王族女性の最長老だった貞純（チョンスン）王后（英祖の二番目の正室）が毒殺したという噂が絶えなかった。正祖の息子が23代王・純祖（スンジョ）として即位したが、まだ10歳だったので貞純王后が代理で政治を担い、カトリック教徒の大弾圧を行って多くの信者を虐殺した。

1805年　貞純王后が世を去る。以後は純祖の正室だった純元（スヌォン）王后の実家である安東（アンドン）・金氏（キムシ）の一族が政治を独占する。国王の外戚が権力を掌握することを「勢道（セド）政治」と呼ぶ。

1811年　政治腐敗に反抗して洪景来（ホン・ギョンネ）が反乱を起こすが、後に鎮圧された。

1830年　純祖の長男の孝明（ヒョミョン）世子が政治を代行して成果をあげていたが、急死してしまう。

1834年	純祖が世を去る。彼の孫が24代王・憲宗（ホンジョン）となるが、7歳だったので、祖母の純元王后が摂政を行う。
1849年	憲宗が急死。純元王后が人事を歪め、王族の無学の青年を25代王・哲宗（チョルジョン）として即位させる。
1857年	純元王后が世を去る。
1863年	哲宗が死去。11歳の高宗（コジョン）が即位し、父の興宣大院君（フンソンデウォングン）が安東・金氏の一族を政権の要職から追放する。
1865年	興宣大院君が1592年に焼失した景福宮の再建に乗り出す。莫大な費用が必要で庶民にとって負担が増えた。
1873年	高宗の妻である明成（ミョンソン）王后が興宣大院君を失脚させる。
1875年	日本の軍艦「雲揚号」が挑発的な行動を取ったことで軍事衝突が発生。日本が朝鮮王朝に開国を強く迫る。
1876年	日本と朝鮮王朝の間で修好条規（江華条約）が締結され、攘夷に徹していた朝鮮王朝が開国に踏み切った。以後はアメリカ、フランス、ロシアとも通商条約を結ぶ。いずれも武力で威嚇された不平等条約であった。

1882年	朝鮮王朝の軍人たちが反乱を起こす。「壬午（イモ）軍乱」と呼ばれている。興宣大院君の復帰によって収拾される。
1884年	親日派がクーデターを起こして王宮を支配。清の軍隊が介入して「三日天下」に終わる。
1894年	農民が反乱を起こした（甲午農民戦争）が、日本と清が衝突して日清戦争が起こる。日本が勝利して、朝鮮半島で清の影響力が排除される。
1895年	明成王后が日本の勢力によって暗殺される。
1897年	国号を「大韓帝国」と改め、初代皇帝の座に高宗が就く。
1904年	朝鮮半島における権益をめぐって、日本とロシアが開戦。
1905年	日露戦争に勝利した日本は統監府を設置。大韓帝国は外交権を奪われる。
1907年	高宗が退位。純宗（スンジョン）が即位する。
1910年	8月22日に日本と大韓帝国の間で「韓国併合ニ関スル条約」が調印されて、朝鮮総督府が統治の総本山となり、朝鮮王朝が滅亡する。

朝鮮王朝の歴代国王

代	国王	生年~没年	在位の期間	続柄
1	太祖（テジョ）	1335~1408年	1392~1398年	
2	定宗（チョンジョン）	1357~1419年	1398~1400年	太祖の二男
3	太宗（テジョン）	1367~1422年	1400~1418年	太祖の五男
4	世宗（セジョン）	1397~1450年	1418~1450年	太宗の三男
5	文宗（ムンジョン）	1414~1452年	1450~1452年	世宗の長男
6	端宗（タンジョン）	1441~1457年	1452~1455年	文宗の長男
7	世祖（セジョ）	1417~1468年	1455~1468年	世宗の二男
8	睿宗（イェジョン）	1450~1469年	1468~1469年	世祖の二男
9	成宗（ソンジョン）	1457~1494年	1469~1494年	世祖の孫
10	燕山君（ヨンサングン）	1476~1506年	1494~1506年	成宗の長男
11	中宗（チュンジョン）	1488~1544年	1506~1544年	成宗の二男
12	仁宗（インジョン）	1515~1545年	1544~1545年	中宗の長男
13	明宗（ミョンジョン）	1534~1567年	1545~1567年	中宗の二男

14	宣祖（ソンジョ）	1552〜1608年	1567〜1608年	中宗の孫
15	光海君（クァンヘグン）	1575〜1641年	1608〜1623年	宣祖の二男
16	仁祖（インジョ）	1595〜1649年	1623〜1649年	宣祖の孫
17	孝宗（ヒョジョン）	1619〜1659年	1649〜1659年	仁祖の二男
18	顕宗（ヒョンジョン）	1641〜1674年	1659〜1674年	孝宗の長男
19	粛宗（スクチョン）	1661〜1720年	1674〜1720年	顕宗の長男
20	景宗（キョンジョン）	1688〜1724年	1720〜1724年	粛宗の長男
21	英祖（ヨンジョ）	1694〜1776年	1724〜1776年	粛宗の二男
22	正祖（チョンジョ）	1752〜1800年	1776〜1800年	英祖の孫
23	純祖（スンジョ）	1790〜1834年	1800〜1834年	正祖の二男
24	憲宗（ホンジョン）	1827〜1849年	1834〜1849年	純祖の孫
25	哲宗（チョルジョン）	1831〜1863年	1849〜1863年	正祖の弟の孫
26	高宗（コジョン）	1852〜1919年	1863〜1907年	宣祖三男の直系
27	純宗（スンジョン）	1874〜1926年	1907〜1910年	高宗の長男

朝鮮王朝の歴代王妃

代	国王	王妃	生年~没年	子供
1	太祖	神懿（シヌィ）王后	1337~1391年	6男2女
		神徳（シンドク）王后	1356~1396年	2男1女
2	定宗	定安（チョンアン）王后	1355~1412年	なし
3	太宗	元敬（ウォンギョン）王后	1365~1420年	4男4女
4	世宗	昭憲（ソホン）王后	1395~1446年	8男2女
5	文宗	顕徳（ヒョンドク）王后	1418~1441年	1男1女
6	端宗	定順（チョンスン）王后	1440~1521年	なし
7	世祖	貞熹（チョンヒ）王后	1418~1483年	2男1女
8	睿宗	章順（チャンスン）王后	1445~1461年	1男
		安順（アンスン）王后	?~1498年	1男1女
9	成宗	恭恵（コンヘ）王后	1456~1474年	なし
		廃妃・尹（ユン）氏	1445~1482年	1男
		貞顕（チョンヒョン）王后	1462~1530年	1男1女

10	燕山君	廃妃・慎（シン）氏	1472～1537年	2男1女
11	中宗	端敬（タンギョン）王后	1487～1557年	なし
		章敬（チャンギョン）王后	1491～1515年	1男1女
		文定（ムンジョン）王后	1501～1565年	1男4女
12	仁宗	仁聖（インソン）王后	1514～1577年	なし
13	明宗	仁順（インスン）王后	1532～1575年	1男
14	宣祖	懿仁（ウィイン）王后	1555～1600年	なし
		仁穆（インモク）王后	1584～1632年	1男1女
15	光海君	廃妃・柳（ユ）氏	1576～1623年	3男
16	仁祖	仁烈（インニョル）王后	1594～1635年	4男
		荘烈（チャンニョル）王后	1624～1688年	なし
17	孝宗	仁宣（インソン）王后	1618～1674年	1男6女
18	顕宗	明聖（ミョンソン）王后	1642～1683年	1男3女
19	粛宗	仁敬（インギョン）王后	1661～1680年	2女
		仁顕（イニョン）王后	1667～1701年	なし

		張禧嬪（チャン・ヒビン）	1659～1701年	1男1女
		仁元（イヌォン）王后	1687～1757年	なし
20	景宗	端懿（タヌィ）王后	1686～1718年	なし
		宣懿（ソヌィ）王后	1705～1730年	なし
21	英祖	貞聖（チョンソン）王后	1692～1757年	なし
		貞純（チョンスン）王后	1745～1805年	なし
22	正祖	孝懿（ヒョイ）王后	1753～1821年	なし
23	純祖	純元（スヌォン）王后	1789～1857年	1男4女
24	憲宗	孝顕（ヒョヒョン）王后	1828～1843年	なし
		孝定（ヒョジョン）王后	1831～1903年	1女
25	哲宗	哲仁（チョリン）王后	1837～1878年	1男
26	高宗	明成（ミョンソン）王后	1851～1895年	1男
27	純宗	純明孝（スンミョンヒョ）皇后	1872～1904年	なし
		純貞孝（スンジョンヒョ）皇后	1894～1966年	なし

※朝鮮王朝が国号を1897年に「大韓帝国」に変更したことで王后は皇后となった。また、王妃の子供の数は諸説がある。

朝鮮王朝《ちょうせんおうちょう》「背徳《はいとく》の王宮《おうきゅう》」 1冊《さつ》でつかむ韓国時代劇《かんこくじだいげき》の真髄《しんずい》!

二〇二四年 六 月 一七日 第 一 刷発行

著　　者　康熙奉《カンヒボン》
©Kang Hibong 2024

発 行 者　太田克史《おおたかつし》
編集担当　持丸剛《もちまるつよし》

アートディレクター　吉岡秀典《よしおかひでのり》(セプテンバーカウボーイ)
デザイナー　山田知子《やまだともこ》＋チコルズ
フォントディレクター　紺野慎一《こんのしんいち》
校　閲　鷗来堂《おうらいどう》

発 行 所　株式会社星海社
〒一一二-〇〇一三
東京都文京区音羽一-一七-一四 音羽YKビル四階
電　話　〇三-六九〇二-一七三〇
FAX　〇三-六九〇二-一七三一
https://www.seikaisha.co.jp

発 売 元　株式会社講談社
〒一一二-八〇〇一
東京都文京区音羽二-一二-二一
(販 売)〇三-五三九五-五八一七
(業 務)〇三-五三九五-三六一五

印 刷 所　TOPPAN株式会社
製 本 所　株式会社国宝社

ISBN978-4-06-536029-3
Printed in Japan

298
SEIKAISHA SHINSHO

232

韓国ドラマ！愛と知性の10大男優

康熙奉 Kang Hibong

韓国の人気俳優のすべてがわかる

韓国ドラマを彩る魅力的な男優たちの生々しい素顔と印象的な発言を紹介しながら、彼らの主演作の演技を幅広く解説。特に、彼らが持っている「知性」に着目し、ファンから愛される背景を明らかにする。他にも韓国の男優の育ち方・学歴・兵役といった気になる経歴についても詳しく触れ、彼らはなぜスターであり続けるのか、その理由の核心に迫る。韓国ドラマ界の頂点に君臨するビッグ3、本格派、個性派などの10大男優から、若き才能、注目のイケメンまで。世界を熱狂させる韓国ドラマに主演する人気俳優の魅力を余すところなく網羅した必読の一冊。

韓国ドラマ！
愛と知性の10大男優
康熙奉
なぜ人の心をつかむのか
パク・ソジュン ヒョンビン コン・ユ
トップ男優10名と
魅惑の若手イケメンを
徹底解説。

242

韓国ドラマ！推しが見つかる究極100本

康 熙奉
Kang Hibong

7つのジャンルから厳選した究極の100作品

「絶対に面白いと言わせてみせる！」と凄まじい熱量をもって制作されているのが韓国ドラマだ。現場はエネルギッシュかつ「世界を驚かす」という熱意に満ちている。そうして生み出されるドラマが面白くないわけがない。山のように準備された中から企画が吟味され、激しい競争を勝ち抜いた脚本が日の目を見る。さらに、創造性あふれる演出家が縦横無尽に作品に昇華させ、俳優たちが自分を巧みに変貌させる究極の演技で応える。それが韓国ドラマが高い評価をうける背景であり、世界中で人気を博している秘密である。あなたの人生をふるわせる究極の100作品がここにある。

284

韓国ドラマに深くときめく

1冊でつかむ韓国二千年の歴史と人物

康 熙奉
Kang Hibong

韓国の二千年を貫く「血と名誉の系譜」

韓国ドラマの中ではとくに時代劇の人気が高い。実際、多くの人が韓国の歴史に強い興味を持っており、中でも史実を巧みに取り入れた作品が好まれている。そんな韓国の二千年は、古代の三国時代（高句麗、百済、新羅）から高麗王朝を経て朝鮮王朝にいたるまで「血と名誉の系譜」であった。本書は秘められた歴史と人物に光を当てて、韓国史の「栄光と悲哀」を存分に描き出す試みである。同時に韓国を理解するために不可欠な「究極キーワード10」を通して謎と魅力の核心を明らかにする。韓国時代劇ファンのみならず、韓国の歴史に関心を持つ読者に応える絶好の入門書だ。

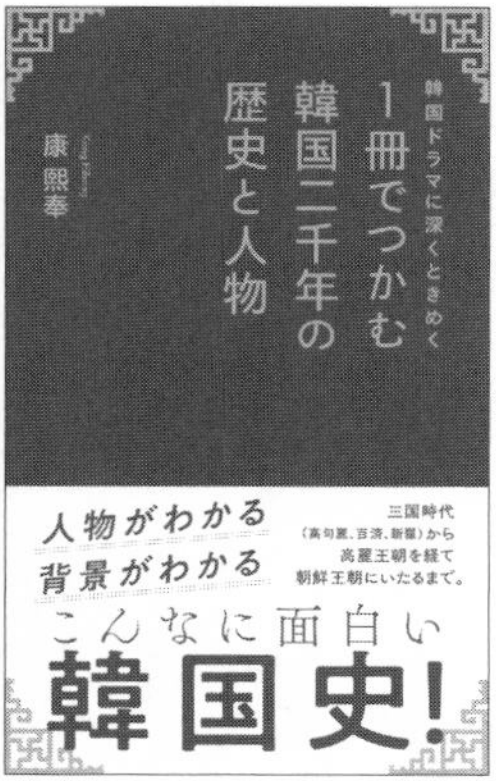

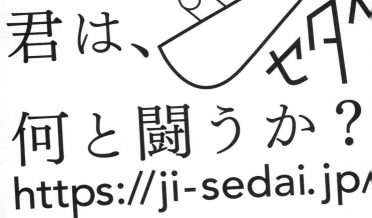

次世代による次世代のための

武器としての教養
星海社新書

星海社新書は、困難な時代にあっても前向きに自分の人生を切り開いていこうとする次世代の人間に向けて、ここに創刊いたします。本の力を思いきり信じて、**みなさんと一緒に新しい時代の新しい価値観を創っていきたい。若い力で、世界を変えていきたいのです。**

本には、その力があります。読者であるあなたが、そこから何かを読み取り、それを自らの血肉にすることができれば、一冊の本の存在によって、あなたの人生は一瞬にして変わってしまうでしょう。**思考が変われば行動が変わり、行動が変われば生き方が変わります。**著者をはじめ、本作りに関わる多くの人の想いがそのまま形となった、文化的遺伝子としての本には、大げさではなく、それだけの力が宿っていると思うのです。

沈下していく地盤の上で、他のみんなと一緒に身動きが取れないまま、大きな穴へと落ちていくのか？　それとも、重力に逆らって立ち上がり、前を向いて最前線で戦っていくことを選ぶのか？

星海社新書の目的は、**戦うことを選んだ次世代の仲間たちに「武器としての教養」をくばることです。**知的好奇心を満たすだけでなく、自らの力で未来を切り開いていくための〝武器〟としても使える知のかたちを、シリーズとしてまとめていきたいと思います。

2011年9月

星海社新書初代編集長　柿内芳文

SEIKAISHA SHINSHO